Hans Michael Engelke

KORSIKA

auf dem Motorrad entdecken

Biker Betten
Motorrad Reisebuch

WWW.ENGELKE.TV

Hans Michael und Angelika Engelke sind begeisterte Motorradjournalisten und Fotografen.

Korsika – schon der Klang dieses Namens lässt Kiki, die beste Sozia der Welt, und mich in Erinnerungen schwelgen. Korsika ist für uns der Inbegriff des Motorradfahrens, der Realität gewordene Traum eines gelungenen Motorradurlaubes. Kaum eine andere Region bietet soviel Abwechslung und so faszinierende Landschaften in so geballter Form.

Wir haben schon viele Korsika-Touren hinter uns. Alleine, mit Freunden, im Frühjahr, im Herbst, im Sommer. Keine war wie die andere, aber alle waren sie ein einmaliges Erlebnis. Wir haben uns auf Korsikas höchster Passstraße, dem Col de Vergio, schon die Nasen abgefroren und sind im Sommer in der Hitze der Ostküste jedem Schatten nachgejagt. Aber dennoch schafft es die Insel, uns jedes Mal erneut zu überraschen – mit ihrer Vielfalt, mit ihren fantastischen Motorradstrecken, den idyllischen Dörfern und nicht zuletzt mit ihren ganz speziellen, aber immer freundlichen Menschen.

Die grandiose Rundstrecke um das nördliche Cap Corse, die verwinkelten Bergstraßen rund um Corte, die aussichtsreichen Küstenstraßen des Westens, die spektakulären Schluchten wie Spelunca oder Scala di Sta Regina – kaum eine Region in Europa bietet so viele Highlights so geballt wie die viertgrößte Insel des Mittelmeers. Nicht umsonst sprachen schon die alten Griechen von „kalliste", der Schönsten, wenn Sie über Korsika redeten, die Franzosen nennen sie heute „île de beauté" (Insel der Schönheit).

Verwinkelte Bergstraßen

Touren auf Korsika lassen sich nicht oder nur schwer mit den üblichen Maßstäben messen. Wer glaubt, hier mal eben 300 Tageskilometer zu schaffen, liegt verkehrt. Korsika will mit Bedacht bereist werden. Zwar gibt es mittlerweile durchaus perfekt ausgebaute, kurvenreiche Strecken mit griffigem Asphalt, sie sind aber nicht die Regel. Es sind eher die verwinkelten Bergstraßen, die sich mit knackigen Schlenkern durch das gebirgige Land schlängeln, die einen Großteil des Straßennetzes bilden. Und hinter jeder Kurve kann eine Überraschung lauern: ein großartiger Aussichtspunkt, eine Rotte der halbwilden Korsika-Schweine mitten auf dem Asphalt, eine einsame Bergziege, die gerade auf die andere Straßenseite wechselt oder einfach nur die nächste Kurve und dann die übernächste und immer so weiter.

Gebirge im Meer

Aber es sind nicht nur die fantastischen Motorradstrecken, die uns immer wieder auf das „Gebirge im Meer" locken. Da ist auch das bildschöne und einladende Corte, inmitten der schroffen Bergwelt gelegen, oder Bonifacio am Südzipfel der Insel, direkt auf der Kante der schneeweißen Kalkklippen liegend. Und die vielen kleinen Dörfer inmitten Korsikas Bergwelt mit ihren einladenden Straßencafés und Bars gleich neben dem plätschernden Dorfbrunnen. Und für uns ganz persönlich hat die zum großen Teil aus einem Hochgebirge bestehende Insel noch einen weiteren Reiz: Gerne tauschen wir schon mal die Motorradstiefel gegen Wanderschuhe. Korsika ist ein echtes Wander-Eldorado und bietet auch da für jeden Geschmack etwas.

Egal, wo auch immer wir auf Korsika übernachteten, wir fühlten uns stets willkommen. Ob auf einem der unzähligen Campingplätze, ob im einfachen Appartement oder im zentral gelegenen Hotel, wir waren als Motorradfahrer stets und überall willkommen, auch wenn es mal mit der Sprache haperte. Ein freundliches „bonjour" am Tag oder ein „bonsoir" am Abend bricht das Eis und der Rest klappt zur Not auch mit Händen und Füßen. Ein Bett bekommt man immer und verhungern oder verdursten wird auf Korsika auch nie jemand. Klar, mit ein paar Vokabeln wird das Leben natürlich leichter – aber das gilt ja überall.

Wir freuen uns sehr, wenn wir mit diesem Buch den einen oder anderen Motorradreisenden auf Korsika neugierig gemacht haben und zu einem spannenden Inseltrip inspirieren konnten. Und wenn dann noch einige unserer Tipps und Vorschläge zu einem guten Gelingen des Urlaubs beitrugen, haben wir unser Ziel erreicht.

Gute Reise

Jetzt, wo dieser Band in den Druck geht, stecken wir bereits mitten in der Arbeit zu unserem nächsten „Insel-Buch" über Sardinien. Und raten Sie mal, von wo wir dorthin starten – richtig, von Korsika aus. Gerade mal zwölf Kilometer trennen die beiden tollen Inseln. Was liegt näher, als diese beiden zu kombinieren? Und wer weiß, vielleicht treffen wir uns ja unterwegs irgendwo auf einer der beiden – das wäre klasse! Und wenn nicht, vielleicht schauen Sie mal auf unserer Internetseite www.engelke.tv vorbei und lassen uns eine Rückmeldung zukommen oder vielleicht ein oder zwei Tipps.

Bis dann, gute Reise und ganz viel Spaß auf „kalliste", der Schönsten!

Hans Michael und Angelika Engelke

1
Bastia
2
4
3
9
7
10
8
Ajaccio
6
Porto Vecchio
5
Bonifacio

Die Treppe der **Heiligen Königin**

Die grandiose Spelunca-Schlucht, der 1470 Meter hohe Col de Vergio und die Scala di Santa Regina – auf dieser Strecke reihen sich die Hot-Spots der Insel.

GPS 42.290350, 8.878476

Ein Traum **am Meer**

Ab Solenzara führt die D268 ins Gebirge und die D368 wieder hinunter in fantastische, einsame Buchten.

GPS 41.795816, 9.224534

Herrliche **Sackgasse**

Das südwestlich von Corte gelegene Restonica-Tal führt von Corte hinauf ins Gebirge auf rund 1000 Meter Höhe – eine echte Traumstraße.

GPS 42.229061, 9.031226

Felsen-Spektakel

Gleich südlich von Porto beginnt Korsikas aufregendste Küstenstraße. Bei Sonnenuntergang fährt man durch rotglühende Felsen Les Calanche und genießt unglaubliche Panoramen.

GPS 42.254557, 8.663351

Nördlicher **Zeigefinger**

Die gut 130 Kilometer lange Umrundung des ganz im Norden der Insel liegenden Cap Corse ist Kurvenspaß, Naturgenuss und Kurzweil par Excellence.

GPS 42.976598, 9.383005

Über vier Fünftel Korsikas sind Bergland.

Gebirge im Meer

Die Korsen nennen ihre Insel „das Gebirge im Meer" – nicht ohne Grund. Das Eiland ist ein Traum für Motorradfahrer.

Korsika ist die größte französische Insel im Mittelmeer und liegt etwa 180 Kilometer südlich der französischen Hafenstadt Nizza und gut 80 Kilometer westlich des italienischen Fährhafens Livorno. Von beiden Städten fahren übrigens Fähren nach Korsika ab. Nach Sizilien, Sardinien und Zypern ist Korsika die viertgrößte Mittelmeerinsel.

Korsika ist nur 180 Kilometer lang und 80 Kilometer breit, die Küste ist allerdings sehr zerklüftet. Die Küstenlinie beträgt deshalb weit über 1000 Kilometer. Korsika verfügt nicht nur über fantastische Sandstrände, zwei Drittel der Küste machen zerklüftete und markante Felsen aus. Dabei unterscheiden sich die Ost- und die Westküste erheblich voneinander. Fast die gesamte Ostflanke Korsikas weist einen breiten, flachen Küstenstreifen mit einladenden Sandstränden auf. Davon ausgenommen ist die Ostküste des Cap Corse, des nördlichen „Fingers" Korsikas. Hier stoßen, wie auch an der korsischen Westküste, die Berge direkt spektakulär an das Wasser.

Schon die Griechen in der Antike nannten Korsika „Kalliste" – die Schönste. Die Korsen selber nennen ihre Insel auch das „Gebirge im Meer". Nicht ganz zu Unrecht, sind doch rund 86 Prozent der Insel Bergland mit einer durchschnittlichen Höhe von 568 Metern. Nicht weniger als 50 Zweitausender sorgen für geniale Straßenführungen. Der höchste Berg Korsikas ist der Monte Cinto, der sich 2706 Meter über dem Mittelmeer erhebt. Dabei liegt er nur 25 Kilometer von der Küste entfernt.

Seit 1976 ist die Insel in zwei Départements aufgeteilt. Im Norden liegt Haute Corse mit der Hauptstadt Bastia, gleichzeitig der wichtigste Fährhafen Korsikas. Das zweite Département Corse-du-Sud liegt im Süden. Seine Hauptstadt ist Ajaccio, gleichzeitig die Geburtsstadt Napoleons. Dem revolutionären Kaiser begegnet man auf der Insel übrigens regelmäßig.

KORSIKAS GESCHICHTE

Die Urbevölkerung Korsikas waren Jäger und Sammler, die ab 8000 v. Chr. vermutlich über eine Landbrücke nahe der heutigen Insel Elba einwanderten. Um 6000 v. Chr. wurden diese durch zuwandernde Neolithiker verdrängt. Weitere dreitausend Jahre später entstand die korsische Mega lith-Kultur, die ihrerseits gegen 1600 v. Chr. durch die Torre-Kultur mit ihren heute noch zum Teil existenten Dolmen und Menhiren abgelöst wurde. Erste Befestigungen entstanden in der Bronzezeit, die ersten Siedlungen etwa 900 Jahre vor der Zeitrechnung.

Vor der römischen Eroberung Korsikas, die 259 v. Chr. begann, gaben

Traumhafte Buchten wechseln sich mit spektakulärer Felsküste ab.

sich in kriegerischen Auseinandersetzungen Griechen, Etrusker und Karthager die Klinke in die Hand. Ab 400 n. Chr. gingen die Auseinandersetzungen weiter. Westgoten, Vandalen, Ostgoten, erneut die Römer, anschließend Langobarden, Mauren und Sarazenen – es wurde viel gekämpft auf Korsika.

Es mangelt nicht an kurvenreichen Bergstraßen auf Korsika.

Der erste Versuch einer korsischen Volksherrschaft schlug 1358 fehl. Diverse Herrscher beuteten zu dieser Zeit die Inselbewohner aus. Geradezu undurchschaubar ist das Geflecht der vielen Machtkämpfe zu dieser Zeit. Es würde den Rahmen dieses Motorrad-Reisebuches deutlich sprengen, auch nur einen Teil davon zu beschreiben.

Der Freiheitskämpfer und General Pasquale Paoli entwarf 1755 die erste demokratische Verfassung der damals neuen Korsischen Republik, die erste moderne Verfassung weltweit. 1769 nahmen schließlich die Franzosen nach langen Auseinandersetzungen mit den Genuesen die Herrschaft an sich, unterbrochen von einer kurzen, zweijährigen britischen Phase.

Im Ersten Weltkrieg kämpften die Korsen auf der Seite Frankreichs, im Zweiten Weltkrieg wurde Korsika zunächst durch italienische, anschließend auch durch deutsche Truppen besetzt. Bereits 1943 war Korsika jedoch schon wieder von allen Besatzern befreit. Der Widerstand hatte ganze Arbeit geleistet.

In den 1960 Jahren formierte sich der Widerstand in Gestalt der Action Régionale Corse (ARC) erneut. Der Protest galt den Festlandfranzosen, die den Tourismus fest im Griff hatten und daran verdienten, aber auch den Algerienfranzosen, die mit finanzieller Unterstützung des Staates auf der Insel siedelten. Die korsisch-nationalistischen Separatisten begannen gezielte Anschläge auf nicht-korsische Einrichtungen. Zwar erhielt

Korsika 1970 die Regionalautonomie, jedoch ohne weitere Selbstverwaltungsrechte. Nun gründete sich auch die FLNC, die Front de Libération Nationale de la Corse, deren Bombenterror viele Opfer forderte. 1991 wurde das Selbstverwaltungsstatut für Korsika verabschiedet, was vielen Korsen jedoch noch nicht weit genug ging. Im Jahr 2000 stimmte schließlich der damalige Ministerpräsident Jospin einer weitergehenden Autonomie Korsikas zu; im Gegenzug verlangte er ein Ende der Gewalt. Am 25. Juni 2014 gab die FLNC letztlich bekannt, dass sie den bewaffneten Kampf einstellt.

Wie auch immer, als Tourist war und ist man auf Korsika von diesen Konflikten unberührt und überall sehr willkommen. Im Gegenteil, es gibt nicht wenige Korsen, die argumentieren, dass es schließlich der FLNC zu verdanken sei, dass es heute keine Ferienhochburgen, Hotelkomplexe und zugebaute Anlagen gibt – ein Argument, welches nur schwer von der Hand zu weisen ist.

Symbol zahlreicher Legenden: der Maurenkopf.

Der Maurenkopf

Der schwarze Kopf mit weißer Stirnbinde ist auf Korsika allgegenwärtig – auf Flaggen, auf Bannern, auf Hauswänden. Über seine Entstehung ranken einige Legenden. Die bekannteste Geschichte besagt, dass im 13. Jahrhundert ein nordafrikanischer Fürst eine junge Korsin nach Granada entführte. Ihr korsischer Verlobter befreite sie und brachte sie zurück auf die Insel.

Der Fürst sandte daraufhin einen seiner stärksten Krieger nach Korsika, wo es zum Kampf zwischen dem Mauren und dem jungen Korsen kam. Der siegreiche Inselbewohner enthauptete schließlich den Mauren und reckte den Kopf als Zeichen seines Triumphs in die Höhe.

Historisch erwiesen ist jedoch nur, dass 1762 unter dem korsischen Revolutionär und Widerstandskämpfer Pasquale Paoli der Mohrenkopf mit dem weißen Stirnband zum offiziellen Wappen der Korsen bestimmt wurde.

KULINARISCHES

„Ob mit Stroh oder Heu - Hauptsache, der Bauch ist voll!" Welch ein Glück, dass diese alte korsische Lebensweisheit heute nicht mehr zutrifft. Die kor-

Wein und Liköre, Wurst und Schinken: nur einige der köstlichen lokalen Spezialitäten.

Auch auf Salate versteht sich die korsische Küche.

sische Küche ist nicht nur deutlich mediterran geprägt, sie glänzt ganz besonders mit schmackhaften und würzigen Fleisch-Gerichten.

Kein Wunder, Korsika ist das Land der glücklichen Schweine. Will heißen, korsische Schweine leben wie andernorts die Schafe. Sie dürfen frei durch das Land stromern und sich redlich von allerlei Grünzeug wie Thymian, Majoran, Rosmarin, Basilikum und Myrte und natürlich von den allgegenwärtigen Kastanien ernähren. Das gibt Geschmack! Und das ergibt köstlichen Schinken, Speck und Braten.

Herausragend sind auch die korsischen Ziegen- und Schafskäse, die gerne auch als Füllung für Ravioli oder Tartes verwendet werden. Natürlich schmecken sie auch köstlich im Käsekuchen oder einfach zu frischem Brot. Der Käse lässt sich prima unterwegs auf einem der unzähligen Bauernhöfe kaufen. Dazu etwas Obst, Brot, ein Stück Speck, vielleicht eine Paprika und fertig ist das perfekte Picknick für die perfekte Mittagspause an der Küste oder am Aussichtspunkt.

Mindestens einmal muss man die traditionsreiche Pulenta probiert haben: einen Brei aus Kastanienmehl und Wasser, lediglich mit Salz gewürzt. Dazu gibt es Würstchen, würziges Schweinefleisch, Spiegeleier oder Brocciu. Übrigens, früher ein „Arme-Leute-Essen", ist die Pulenta heute nicht mehr für kleines Geld zu haben. Das Kilo Kastanienmehl kostet auf Korsika heute rund zehn Euro. Wo es gerade um Kastanien geht: Dem korsischen Pietra-Bier, benannt nach seinem Herkunftsort, wird vor der Gärung Kastanienmehl zugegeben. Auch hier unbedingt den Selbstversuch wagen! Nicht zuletzt machen sich die korsischen Kastanien natürlich auch sehr gut in allerlei Kuchen und anderen Desserts.

Und nicht vergessen: Wir befinden uns auf einer Insel. Das heißt, aus dem Meer ringsum gelangen fangfrische Fisch- und Meeresspezialitäten auf den Teller.

Und zum guten Schluss gibt's dann einen köstlichen Myrtenlikör, einen Eau de vie de Myrte. Ein wenig herb, ein wenig süß, der perfekte Abschluss eines guten Mahls eben.

Noch ein Tipp: An vielen Ständen gleich neben der Straße werden in kleinen Gläsern wahre Köstlichkeiten verkauft. Köstlicher Bienenhonig, aromatische Cédrat-Früchte in Form herrlich frischer Marmelade oder die leicht bittere Clementinen-Marmelade, manchmal auch die süße korsische Feigenmarmelade. Hier heißt es probieren! Wer wagt, gewinnt und kein Hotelier hat etwas dagegen, wenn man sich das Frühstück noch mit diesen einheimischen Leckereien versüßt. ◂

Einladende Bars sind bis in die Nacht geöffnet.

Hoch im **Norden**

Hoch oben im Norden Korsikas, gleich hinter dem Fährhafen Bastia, ragt der „Zeigefinger" Korsikas ins Mittelmeer – das Cap Corse. Die Rundstrecke um das etwa 10 mal 40 Kilometer lange Cap, gilt als eine der schönsten Küstenstraßen Südeuropas. Inmitten des Caps ragen die Berge weit über 1000 Meter hoch in den Himmel. Cap Corse ist ein Traum für Motorradfahrer.

Rund 70 Genuesertürme gibt es heute noch auf Korsika; manche sind 500 Jahre alt.

TOUREN-STECKBRIEF

BASISORT
Bastia (42.701759, 9.452485)

STRECKENLÄNGE
ca. 130 km

DAUER DER TOUR
7 Stunden

ROADBOOK
Bastia, Erbalunga, Rogliano, Barcaggio, Tollare, Centuri-Port, Nonza, Patrimonio, Bastia

HIGHLIGHTS
Das Dorf Nonza glänzt mit seinem Turm und seinen Gässchen, auch der Schwarze Strand und die Küstenstraße sind ein Traum (42.47059, 9.20416).

Der Col de Teghime führt in 536 Metern Höhe quer über die Halbinsel (42.40379, 9.22574).

Die kurvenreiche Küstenstrecke am Capo Corvoli ist ein grandioses Stück Straße (42.55516, 9.21063).

Pause in Port de Centuri.

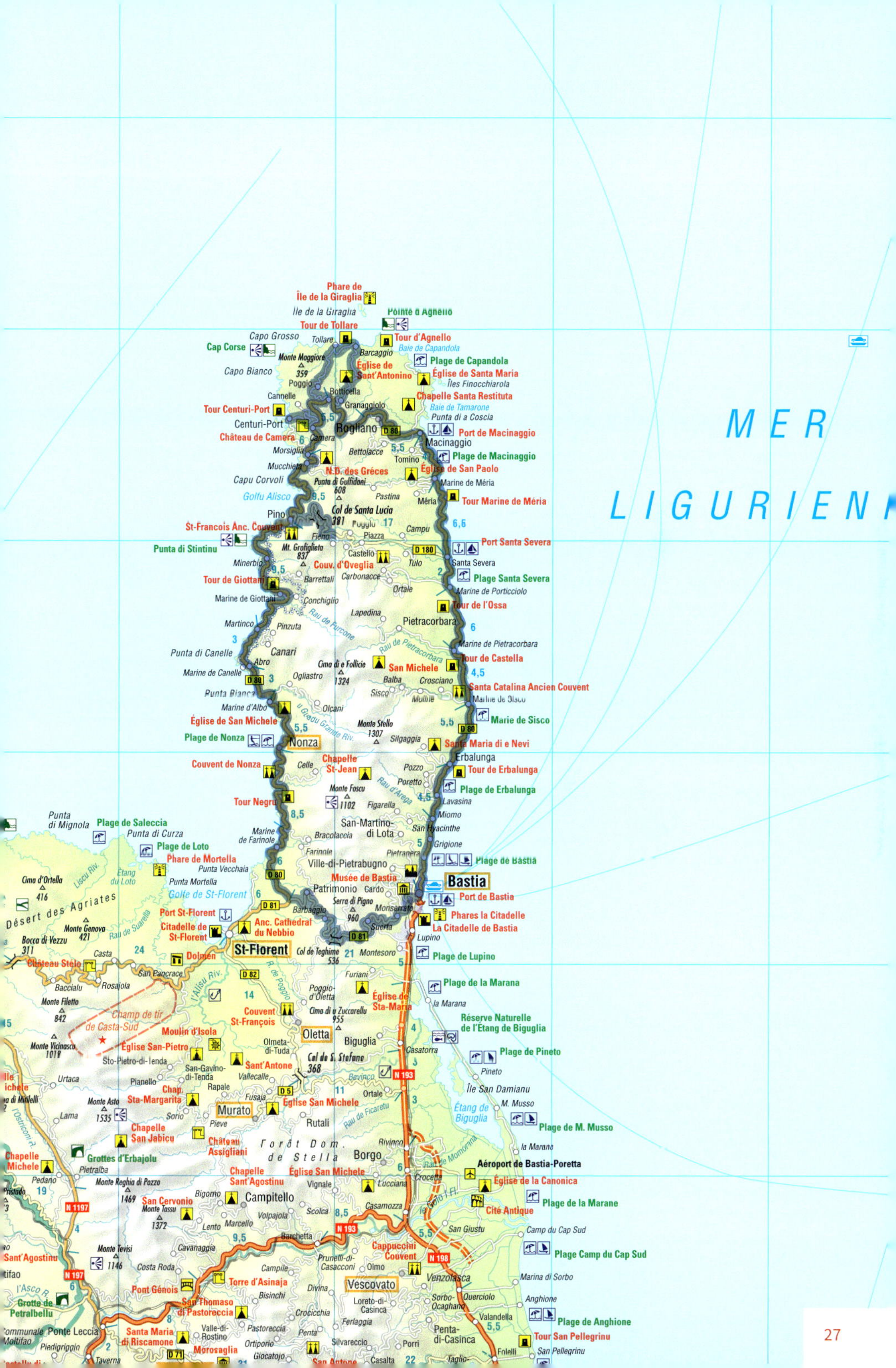
MER LIGURIENNE
Phare de Île de la Giraglia
Île de la Giraglia
Pointe d'Agnello
Tour de Tollare
Tour d'Agnello
Capo Grosso
Cap Corse
Baie de Capandola
Plage de Capandola
Église de Sant'Antonino
Église de Santa Maria
Capo Bianco
Îles Finocchiarola
Chapelle Santa Restituta
Tour Centuri-Port
Centuri-Port
Château de Camera
Rogliano
Port de Macinaggio
Macinaggio
Plage de Macinaggio
N.D. des Gréces
Église de San Paolo
Capu Corvoli
Golfu Alisco
Tour Marine de Méria
Pino
Col de Santa Lucia
St-Francois Anc. Couvent
Punta di Stintinu
Port Santa Severa
Couv. d'Oveglia
Plage Santa Severa
Tour de Giottani
Tour de l'Ossa
Pietracorbara
Canari
Tour de Castella
San Michele
Santa Catalina Ancien Couvent
Église de San Michele
Plage de Nonza
Nonza
Marie de Sisco
Santa Maria di e Nevi
Erbalunga
Couvent de Nonza
Chapelle St-Jean
Tour de Erbalunga
Plage de Erbalunga
Tour Negru
San-Martino-di Lota
Plage de Salecccia
Plage de Loto
Phare de Mortella
Ville-di-Pietrabugno
Plage de Bastia
Musée de Bastia
Bastia
Port de Bastia
Golfe de St-Florent
Désert des Agriates
Port St-Florent
Citadelle de St-Florent
Anc. Cathedral du Nebbio
Phares la Citadelle
La Citadelle de Bastia
St-Florent
Plage de Lupino
Château Stelo
Dolmen
Plage de la Marana
Église de Sta-Maria
Champ de tir de Casta-Sud
Couvent St-François
Réserve Naturelle de l'Étang de Biguglia
Moulin d'Isola
Église San-Pietro
Oletta
Biguglia
Sant'Antone
Plage de Pineto
Chap. Sta-Margarita
Murato
Église San Michele
Étang de Biguglia
Plage de M. Musso
Chapelle San Jabicu
Château Assigliani
Forêt Dom. de Stella
Borgo
Chapelle Michele
Grottes d'Erbajolu
Chapelle Sant'Agostinu
Église San Michele
Aéroport de Bastia-Poretta
Église de la Canonica
San Cervonio
Campitello
Cité Antique
Plage de la Marane
Cappuccini Couvent
Plage Camp du Cap Sud
Sant'Agostinu
Torre d'Asinaja
Vescovato
Pont Génois
Grotte de Petralbellu
San Thomaso di Pastoreccia
Plage de Anghione
Santa Maria di Riscamone
Morosaglia
Tour San Pellegrinu
Ponte Leccia

Der Boden unter unseren Motorradreifen bebt. Ich habe beide Füße auf dem Boden und versuche die Bewegungen auszugleichen. Gleichzeitig erfüllt ein wuchtiges Rumpeln die Luft. Wenige Augenblicke später, öffnet sich das gewaltige Tor der Fähre und spuckt uns, einige andere Motorradfahrer und unzählige Autos und Lastwagen in Bastias Hafen aus. Willkommen auf *Korsika*!

Hinter uns liegt eine entspannte, vierstündige Überfahrt – fast eine kleine Kreuzfahrt. Entspannt lagen wir im Liegestuhl, ließen uns die Sonne ins Gesicht scheinen und genossen das dezente Schaukeln der riesigen Korsikafähre.

Schnell haben wir aus dem Hafengelände gefunden, folgen einfach dem Strom der Fahrzeuge. Unser erstes Ziel ist das *Cap Corse*. Der nördliche Zipfel Korsikas, gut 40 Kilometer lang, zählt nicht umsonst zu den schönsten und interessantesten Ecken der französischen Insel. Mit seiner fantastischen Küstenstraße ist er gleichzeitig die perfekte Einstimmung auf die kurvenreichen korsischen Straßen.

Die Orientierung ist einfach. Viel kann man hier nicht verkehrt machen. Einfach schauen, dass das Meer stets auf der rechten Seite liegt und möglichst nah am Wasser halten. Gleichmäßig nimmt der Verkehr ab und kurz hinter ***Pietranera*** überhole ich mit einem kräftigen Dreh am Gasgriff die letzten drei Autos vor uns. Auf der nur wenig befahrenen Küstenstraße schwingen wir im Takt der Kurven gen Norden. Immer größer werden die Lücken zwischen den Häusern rechts und links des Asphalts und immer länger werden die kleinen Strandabschnitte, die hier an der Ostseite des Cap Corse in die Küstenlinie gestreut sind. Steinig zwar, aber lauschig und einladend.

Aber nicht für uns. Badevergnügen steht noch nicht auf unserer To-Do-Liste. Erstmal wollen wir genießen und ankommen. Eine prima Gelegenheit dafür bietet sich uns im Café in Erbalungas kleinem Fischerhafen. Wir parken das Motorrad gleich davor, lassen uns in die einladenden Sitzmöbel fallen und genießen schon fast traditionell unseren ersten Eindruck Korsikas. Grüne, rote, blaue Fischer-

Nach der entspannten Fährüberfahrt geht es nach Bastia und auf die Küstenstraße gleich nördlich von ihr.

EXTRA-TIPP

Alternativ zur Küstenstraße lässt sich gleich ab Bastia die sehr lohnenswerte **HÖHENSTRASSE D31** über Sainte Lucie und San Martino-di-Lota befahren. Sie bietet fantastische Ausblicke und mündet bei Miomo wieder auf die Küstenstraße.

boote dümpeln in den schwachen Wellen, kreischende Möwen kreisen irgendwo im Wind und frische, salzige Meerluft weht um unsere Nasen. Weit draußen im Meer können wir schemenhaft die Silhouette Elbas erkennen. Korsika, wie wir es lieben! Schnell haben wir zwei eiskalte Oranginas bestellt, die erfrischende und sprudelnde Limonade aus Marseille. Dazu gibt's ein französisches Baguette mit reichlich Käse, Schinken, Oliven und diversem Grünzeug. Lange genießen wir unseren Stopp, lassen langsam die Mühen der Anreise von uns abfallen und schalten in den Urlaubsmodus.

Wie im Flieger

Kurz überlegen wir, uns einfach schon hier in Erbalunga für eine Nacht einzuquartieren. Die kleinen Gässchen des Dorfes mit ihrem mediterranen Am-

biente sind immer einen Bummel wert und am Abend locken zahlreiche nette Bars und der urige Hafen. Aber nach dem obligatorischen Kaffee, der unter dieser Bezeichnung bestellt, stets ein Espresso ist, schwingen wir uns dann doch wieder aufs Motorrad und folgen weiter der *D80*, der herrlichen Küstenstraße.

Die schlängelt sich weiter entlang der des Küstensaums, folgt dem Schwung kleiner Buchten, führt um felsige Hügel herum und schmiegt sich perfekt in die Landschaft. Wie im Flieger geht es mal höher und wieder tiefer, mal rechts und mal links ums Eck – ein Traum unter einem schon fast unnatürlich blauem Himmel. Kurz vor ***Marine de Pietracorbara*** setzt der Asphalt zur nächsten Bergumrundung an. Kaum haben wir den Hügel passiert, öffnet sich uns ein toller Blick auf einen großen, einladenden Sandstrand. Wir halten an der Parkbucht, genießen die Aussicht auf das türkis schimmernde Meer, das grüne Hinterland und den hellweiß in der Sonne leuchtenden Sand. „Wir wär's mit einem Bad?“, fragt die beste Sozia der Welt. Aber wir beschließen, dass

Die Küstenstraße des Cap Corse bietet fantastische Ausblicke.

die Badehose vorerst trocken bleibt. Schließlich haben wir erst ein Viertel der Cap Corse-Umrundung geschafft und es liegen noch ein paar Kilometer vor uns.

Alarm auf der Insel

In kühnen Schwüngen geht es weiter entlang der Küste. Aber nicht allzu lang, nur wenige Kilometer weiter lockt der ***Tour de Losse***. Einer der zahlreichen Genuesertürme, die die Küste Korsikas flankieren. Etwa ab der Mitte des 16. Jahrhunderts errichteten die Genueser rund 150 dieser wehrhaften Gemäuer als Schutz vor den Piraten, die aus Nordafrika herüberkamen. Die Türme galten nicht nur als Verteidigungsstellung, sie hatten auch alle Sichtverbindung miteinander. So konnte durch optische Signale innerhalb kürzester Zeit die komplette Insel alarmiert werden. Knapp 70 dieser Türme stehen heute noch auf der Mittelmeerinsel. Manche nur noch in Fragmenten, manche durchaus gut erhalten. Unser Versuch, den Tour de Losse zu entern, scheitert kläglich – unsere Kletterkünste reichen nicht aus. Hier haben sich schon ganz andere die Zähne ausgebissen.

Wir passieren noch einen weiteren einladenden Sandstrand, dann erreichen wir ***Santa Severa***. Eigentlich nicht mehr als ein paar Häuser, ein netter kleiner Hafen und die wichtige Ab-

zweigung hinüber zur Westseite des Cap Corse. Ab hier führt die ***D180*** erst schnurgerade und dann in knackigen Kehren über den 381 Meter hohen *Col de Sainte Lucie* zur Westküste. Wir wollen aber ganz in den Norden des Cap, bleiben aber weiter auf der Küstenstraße D80 und erreichen bald *Macinaggio*. In dessen geschützter Bucht und im gut ausgebauten Hafen liegen Dutzende Boote und Schiffe. Der nette Sandstrand lockt und im Sommer stürzen sich hier viele Urlauber in die angenehm frischen Fluten.

Für uns heißt es, die Ostküste hinter uns zu lassen und dem Asphalt zu folgen, der sich kurvig die Flanken der Berge hochwindet. Vorbei am Bergdorf *Rogliano*, das mit gleich drei Burgruinen und so manchen mehr oder weniger verfallenen historischen Bauwerken glänzt, kurven wir durch Oliven- und Kastanienhaine. Der Duft der Macchia nach würzigen Kräutern dringt in den Helm, und obwohl wir uns nur in einer Höhe zwischen 200 und 300 Metern bewegen, sind die Ausblicke auf die umliegenden Berge einfach fantastisch.

Ganz im Norden

Kurz bevor wir die westliche Seite des Cap Corse erreichen, schlagen wir noch den großen Bogen über *Ersa* ganz an die Nordspitze des Caps. Das kleine Tollare mit seinem Turm direkt am Wasser lädt zu einem erholsamen Stopp und für ein Viertelstünd-

Kurvige Küste: geradeaus ist woanders.

Der Schwarze Turm von Nonza wurde als Küstenwache genutzt.

chen genießen wir bei einem starken, schwarzen Espresso die herrliche Seeluft und das urige Panorama zwischen dem blauen Himmel, dem türkis schimmernden Meer und den grauen, scheinbar uralten Gemäuern.

Langsam meldet sich der Hunger. Wir stürzen uns das letzte Stück der Bergstrecke herunter und lassen direkt im Hafen von *Centuri* das Motorrad ausrollen. Mittendrin, fast über dem Wasser, thront ein einladendes Restaurant und mit dem Blick auf schaukelnde Boote lassen wir es uns schmecken. Für den anschließenden Verdauungsspaziergang empfehlen sich die verwinkelten Wege und Gassen Centuris besonders.

Wieder zurück auf der Küstenstraße D80, folgen wir den Schildern nach *Nonza*. Alternativ lässt sich auch die extrem kurvenreiche und enge Nebenstrecke über *Barrettali* und *Canari* nehmen. Sie verläuft parallel zur Küs-

tenstraße am Berghang und bietet deshalb fantastische Ausblicke. Vorsicht ist hier nur geboten, wenn der Regen mal wieder Sand und Steine auf den Asphalt gespült hat. Wie so oft auf Korsika, bleiben die dann länger auf dem Asphalt liegen; die Straßenreinigung auf Nebenstrecken ist praktisch nicht existent. Wir genießen die Kurvenschwünge unten auf der Küstenstraße und wedeln weiter gen Süden.

1000 Stufen hinauf

Kurz vor Nonza wird der Blick frei auf dessen schwarzen Strand, ein faszinierender Anblick. Einst wurde hier in der Region Asbest abgebaut und die Rückstände des Bergbaus in Verbindung mit dem dunklen Schiefer ließen einen Strand entstehen, dessen Schwarz in herrlichem Kontrast zum türkisfarbenen Wasser steht. Über eine Treppe mit rund 1000 Stufen lässt sich der Strand von Nonza aus erreichen. Eine sportliche Einlage, auf die wir in unseren Motorradklamotten dann doch lieber verzichten. Wir genießen statt dessen den tollen Blick vom alten Genueserturm, der eigentlich gar kein richtiger Genueserturm ist. Er war zwar Teil des Bollwerks, wurde aber

bereits viele Jahre vorher während der pisanischen Besetzung der Insel errichtet. Vor wenigen Jahren noch war ein engagierter Fotograf Pächter des Turms, der hier fantastische Fotografien ausstellte und verkaufte. Aktuell präsentiert sich hier ein Andenkenladen. Übrigens, auch wenn die dunkle Farbe des Strandes von Nonza vom Asbestabbau stammt, lässt es sich dort dennoch beruhigt wandern und baden. Es handelt sich hier nur um gänzlich ungefährliches Gestein.

Richtung ***Patrimonio*** geht es weiter gen Süden. Noch ein paar Schräg-

Lohn des Schweißes - eine Treppe führt hinunter an Nonzas dunklen Strand.

lagen, dann setze ich den Blinker links und steuere über die *D81* den ***Vol de Teghime*** an. Hier oben auf 536 Metern Höhe kämpften 1943 erfolgreich, aber auch verlustreich, korsische Partisanen und marokkanische Goumiers gegen die deutschen Besatzer. Ein Denkmal ehrt die damals Gefallenen und alljährlich findet auf dem *Col* ein Festakt zu ihren Ehren statt.

Quirliges Bastia

Natürlich lassen wir es uns nicht nehmen, vom Pass aus noch einen Schlenker auf die ***Serra di Pigno*** zu machen. Über die *D338* geht es vier Kilometer hinauf auf 960 Meter Höhe und zu einem tollen Aussichtspunkt.

Schließlich steuere ich dann doch wieder zurück auf die Ostseite des Caps – nach ***Bastia***. Die Hauptstadt des Départements ***Haute-Corse***, in der wir heute Vormittag starteten, empfängt uns mit quirligem Stadtleben. Wir freuen uns auf einen interessanten und abwechslungsreichen Abend im Gewirr der Gassen Bastias. Der ideale Abschluss einer spannenden Cap Corse-Tour. ◀

INFOS ZUR TOUR

CHARAKTERISTIK

Die Runde um Korsikas nördlichsten Zipfel, das Cap Corse, bietet alles, was man sich von Korsika erhofft. Traumhafte und kurvenreiche Küstenstraßen, herrliche Panoramen und verwinkelte Nebenstrecken. Einsame Buchten laden baden und relaxen ein.

PÄSSE DER TOUR

Col de Sainte Lucie (381 m) und Col de Teghime (536 m).

ÜBERNACHTUNG

Hotel Posta Vecchia
Quai des Martyrs de la Libération, 20200 Bastia
Ein sehr sympathisches Haus mit netten Zimmern und eigener Motorradgarage.
www.hotel-postavecchia.com
GPS 42.41538, 9.27092

Bed & Breakfast A Casa di Babbo
Tuminu, 20248 Macinaggio
Freundliches Haus, prima Lage, schöne Zimmer und klasse Frühstück.
www.casa-di-babbo.com
GPS 42.57011, 9.27109

KOMBINATIONSMÖGLICHKEITEN

Neben der Rundstrecke ums Cap gibt es unzählige kleine Stichstraßen und einige Parallelstraßen. Außerdem bietet sich die Fahrt über den Col de Ste Lucie an. Bis zur Desert des Agriates mit ihren 40 Kilometer langen Sandstränden und den spannenden Offroad Strecken ist es nur ein Katzensprung. Vielfahrer können noch ganz im Süden der Tour eine sehr schöne Runde vom Col de Teghime über Oletta bis nach San-Michele-de-Murato einbauen. Tour 1 geht zudem direkt in die Touren 2 und 4 über.

Der Hafen Vieux Port liegt gleich unterhalb der Altstadt.

Bastia – Korsikas Tor

Die quirlige Hafenstadt Bastia ist die Hauptstadt des Départements Haute-Corse und eine exotische Schönheit.

Die zweitgrößte Stadt Korsikas ist das Einfallstor für die meisten Besucher Korsikas, die per Schiff übersetzen. Viele Reisende starten gleich nach der Ankunft in Richtung des Cap Corse oder hinüber in den wilden Westen der Insel, und lassen die interessante Stadt zu Füßen des Pigno-Massivs links liegen – ein großer Fehler.

Bastia: Das Tor zu Korsika zu Füßen des Pigno-Massivs.

SEHENSWERTES Mit seinen schmalen, verwinkelten Gassen in der historischen Altstadt, der Zitadelle mit ihren mächtigen Wehrmauern, der beeindruckenden Oper und vielen anderen imposanten Bauwerken ist die Wirtschaftsmetropole Korsikas unbedingt einen Besuch wert. Zahlreiche Plätze laden mit gemütlichen Straßencafés und Bars zur erholsamen Pause und rund um den alten Hafen Port de Plaisance pulst das Leben. Noch heute sieht man Bastia den einstigen Reichtum an, den es zur Zeit der Genueser als wichtiger Stütz- und Handelspunkt erwarb.

LA PLACE SAINT-NICOLAS Mit gut 280 Metern Länge und fast 90 Metern Breite ist der Place Saint-Nicolas einer der größten Frankreichs. Zwischen dem Musikpavillon, dem Kriegerdenkmal und der obligatorischen Statue Napoleons lässt es sich unter Palmen perfekt flanieren und relaxen. In den Cafés wird der legendäre Cap Corse Mattei rot oder weiß serviert. Der köstliche Aperitif aus Muskatwein und Chinin sowie diversen Kräutern wird seit 1900 gleich ne-

benan im Stammhaus des Likör-Herstellers Mattei am Place Saint-Nicolas hergestellt.

LE JARDIN ROMIEU Wer dem zentralen Trubel entfliehen möchte, sucht sich ein schattiges Plätzchen in den

Der alte Hafen
Port de Plaisance ist eines der touristischen Zentren der Stadt.

Gärten des Jardin Romieu. Der sehr schöne Park ist als Erholungsraum äußerst beliebt und lässt sich vom Hafen leicht über eine Treppe in Richtung Zitadelle erreichen.

JETÉE DU DRAGON Die große Mole Jetée du Dragon gleich gegenüber der Zitadelle schützt Teile des alten Hafens gegen die Brandung und bietet einen herrlichen Blick auf die Altstadt, die Zitadelle und den Vieux Port.

INFORMATIONEN Vor Ort informiert kompetent und freundlich das Tourismusbüro am Nordende des Place Saint-Nicolas. Hier gibt es hilfreiche Stadtpläne, interessante Broschüren und praktische Übernachtungstipps. Auf der unter anderem deutschsprachigen Internetseite **www.bastia-tourisme.com** gibt es jede Menge Infos und einen Veranstaltungskalender.

FOLLOW ME...
IF YOU CA
PS
H 23

Im Garten **Korsikas**

Der Nordwesten Korsikas bietet für reisende Motorradfahrer jede Menge Abwechslung pur. Die wüstenähnliche Désert des Agriates mit knackigen Offroad-Strecken, die wild geschwungenen Bergstraßen, grandiose Schluchten und bildschöne Straßenstücke an der Küste begeistern mindestens genauso wie die interessante und geschichtsträchtige Hafenstadt Calvi, die Hauptstadt der Balagne, mit ihrer mächtigen Festung. Und über allem trohnen die Zweitausender.

Die Hafen- und Zitadellenstadt Calvi ist der Hauptort der Balagne.

TOUREN-STECKBRIEF

BASISORT
Saint-Florent (42.681124, 9.299609)

STRECKENLÄNGE
ca. 250 km

DAUER DER TOUR
7–8 Stunden

ROADBOOK
Saint-Florent, Monetta, Bocca a Croce, Asco-Schlucht, Belgodere, Montegrosso, Calvi, L'Île Rousse, Saint-Florent

HIGHLIGHTS
Die spektakuläre Asco-Schlucht ist das absolute Highlight dieser Tour (42.27238, 9.02018).

Die Offroad-Strecke durch die Désert des Agriates erfordert entsprechendes Gerät (42.39581, 9.08297).

Einfach schön: die einsame Bergstrecke rund um den Bocca a Croce (42.34425, 9.06568).

Bergwelt rund um die Balagne.

Île de la Giraglia
Tour de Tollare
Tollare
Capo Grosso
Cap Corse
Monte Maggiore
359
Poggio
Capo Bianco
Cannelle
Bottice
Tour Centuri-Port
Centuri-Port
Château de Camera
Camera
Morsiglia
Mucchieta
N.D. de
Capu Corvoli
Punta di Gulfi
608
Golfu Alisco
Pino
Col de
381
St-Francois Anc. Couvent
Fieno
Punta di Stintinu
Mt. Grofiglieta
837
Minerbio
Couv. d'Ov
Tour de Giottani
Barrettali
Marine de Giottani
Conchiglio
Rau de Furcone
Martinco
Pinzuta
Punta di Canelle
Canari
Abro
Marine de Canelle
Cima di e Fo
1324
Ogliastro
Punta Bianca
Marine d'Albo
Olcani
Église de San Michele
u Guadu Grande Riv.
Plage de Nonza
Nonza
Couvent de Nonza
Celle
Chapelle St-Jean
Monte Fe
1102
Tour Negru
Punta Negra
Punta di Mignola
Plage de Saleccia
Punta di Curza
Marine de Farinole
Bracolaccia
Punta di Malfalcu
Marina d'Alga
Plage de Loto
Farinole
Phare de Mortella
Ville-di-Piet
Punta di Solche
Baie de l'Acciolu
Ruisseau de Tettu
Cima d'Ortella
416
Liscu Riv.
Étang du Loto
Punta Vecchaia
Punta Mortella
Golfe de St-Florent
Musé
Patrimonio
Punta di l'Acciolu
Anse de Pinzuta
Désert des Agriates
Cima d'Ifana
479
Monte Genova
421
Rau de Suarella
Port St-Florent
Citadelle de St-Florent
Barbaggio
Serra di
Anc. Cathedral du Nebbio
Cima a Forca
211
Rau d'Infana
Bocca di Vezzu
311
Casta
St-Florent
Col de Teghime
536
Tour de Perraiola
Anse de Perraiola
Château Stélo
Dolmen
Ogliastro
San Pancrace
Phare de la Pietra
Île de la Pietra
Plage de l'Ile Rousse
Bacciaiu
Rosajola
Alisu Riv.
R. de Poggio
Poggio-d'Oletta
I'Ile Rousse
l'Ile Rousse
Lozari
Monetta
Monte Pitello
842
Champ de tir de Casta-Sud
Couvent St-François
Cima di u Zucca
955
Oletta
Punta di Vallitoni
Marine de Davia
Ginebaru
Chapelle St-François
l'Ostriconi R.
Monte Negru
300
Monte Vicinascu
1018
Moulin d'Isola
Olmeta-di-Tuda
Plage de Algajola
Corbara
Église San-Pietro
Col de S. Stefano
368
Marine de Sant' Ambrogio
Algajola
Citadelle de Algajola
Monticello
Couvent de Corbara
Église de San Sebastianu
Cima Alta
362
Sto-Pietro-di-Tenda
San-Gavino-di-Tenda
Sant'Antone
Vallecalle
Punta Spano
Île de Spano
Baie Agajo
Santa-Reparata-di-Balagna
Balagne
Pigna
San Roccu
Chapelle San Michele
Urtaca
Pianello
Rapale
Punta Caldanu
Golfe de Calvi
Lumio
Couvent de Marcasso
Sant'Antonino
Belgodère
Palasca
Cima di Mitelli
652
Novella
Monte Asto
1535
Chap. Sta-Margarita
Fusaja
Murato
Église San Michel
Citadelle de Calvi
Mozzela
Lavatoggio
Aregno
Col de San Colombano
692
Castello San Colombano
Lama
Sorio
Pieve
Rutali
Cateri
Ancien Couvent de Tuani
Costa
Chapelle San Jabicu
Forêt Dom. de Stella
St-Pierre
Monte Longu
455
Speloncato
Ville-di-Paraso
Rau de San Colombano
Chapelle San Michele
Château Assigliani
Port de Calvi
Avapessa
Église San Raineri
Nessa
Grottes d'Erbajolu
Pietralba
Calvi
Capu di Corduvella
338
Fiume Secco
Muro
Pioggiola
Monte Reghia di Pozzo
1469
Chapelle Sant'Agostinu
Église San Michele
Capu di a Conca
725
Rau de Bartasco
Lunghignano
St-Albanu
Feliceto
Monte Tollu
1332
Chapelle San Roccu
Cima di Pristado
573
Pedano
San Cervonio
Bigorno
Campitello
Vignale
Aérodr. de Calvi-Ste-Catherine
Montegrosso
Cima di u Cugnolu
1113
Monte Tassu
1372
Scolca
Zilia
San Parteo
1680
Mausoléo
Olmi-Cappella
Vallica
Lento
Marcello
Volpajola
Ancien Couvent d'Alzi Pratu
Moncale
Torre di Paganosa
Cavanaggia
Barchetta
Capu Pianu
848
Calenzana
Église Santa Restituta
Riv. de Melaja
Forêt de Melaja
Castifao
Sant'Agostinu
Monte Tevisi
1146
Costa Roda
Prunelli-di-Casacconi
Tarazone
Cima all' Altare
1781
San Francescu Couv.
Moltifao
Campile
di Marsolinu
443
Suare
GR 20
Capu di Pratu
Forest Lodge
Pont Génois
Torre d'Asinaja
Divina
Ref. de l'Ortu di u Piubbu
Punta Radiche
2012
Riv. de Tartagine
Monte Terello
1310
Château Sepula
l'Asco R.
Bisinchi
Capu Jovu
1629
Monte Padru
2393
Sant'Angelo
Grotte de Petralbellu
San Thomaso di Pastoreccia
Crocicchia
Capo Ghineparo
891
Forêt Domaniale de Tartagine-Melaja
Cima di a Statoja
2305
Asco
Forêt Communale de Moltifao
Ponte Leccia
Santa Maria di Riscamone
Valle-di-Rostino
Pastoreccia
Punta Scaffa
693
Ref. de Carrozzu
Capu Ladroncellu
2145
Gorges de l'Asco
Piedigriggio
Ortiporio
Penta
Silvare
Capo di Vegno
1389
Pont Génois
Morosaglia
Giocatoio
Cirque de Bonifatu
Cascade de Rotella
Oostellu di Serravalle
Ruines de Tribuna
Taverna
Morosaglia
Stoppia Nove
San Antone Couvent
Filosorma
Punta Gialla
2085
Rau de Stranciacone
Alg. de Popolasca
San Nicolao
Casaluna R.
San Pantaléo
la Porta
Église de Santa Lucia
Capu a u Ceppu
1951
Capu Biancu
2562
Forêt de Vecchietto
Cima a i Mori
2130
Castiglione
Prato-di-Giovellina
Forêt Dom. de Pinetu
Castineta
San Petru d'Accia
a Muvrella
2148
Gavignano
Croce
Château de Tuarelli
Tuarelli
Punta a Scala
1409
Haut Asco
Capu Terri Corscia
2109
Bois de Liccioja
Rau de l'Ancinu
Château Francardo
Croix de Setonia
Aiti
Église San Cristofano
Polveroso
Manso
Rau de Bocca Bianca
Punta Missoju
2201
Capu a u Perdatu
2583
Forêt Dom. de Castiglione
Francardo
Saliceto
Mte. San Petrone
1767
Campana
Fangu
Bocca a e Poste
1437
Punta Minuta
2556
Monte Cinto
2706
Rau de Ruda
Scala di Santa Regina
Ponte Castirla
Sant'Angelu
San Lorenzo
San Quilico
Piedicroce
Couvent
Barghiana
Cascade d'Ercu
Castirla
San Michele
Lano
Erone
Pie d'Orezza
Stazzona
Forêt Domaniale du Fangu
Rau de Cavicchia
Ref. Tighiettu
Lac du Cinto
Ruisseau d'Ercu
le Golo Fluviere
Omessa
Château Vigne
Piediparti
Carpineto
Monte Estremo
Paglia Orba
2525
Corscia
Pantanacce
Sant'Angelu
Soveria
Grotte de Carpinella
Rusio
Carticasi
Forêt de San Petru d'Accia
Santa Maria Couvent
Monte Albanu
2018
Lozzi
S. Pancraziu
Forêt Communale de Corscia
Tralonca
Mt. Pianu Maggiore
1581
Col d'Arcarotta
819
Monte Muvraje
1697
Capu â Giallichiccia
1619
Régional
Ref. Ciuttulu di i Mori
Grotte des Anges
Poggio
Calacuccia
Galgbellu
Zuccarellu
Chapelle Santa Servanda
Pietricaggio
Bar. de Calacuccia
Punta Licciola
2235
Musée Albertacce
Pont de Futanella
Punta Finosa
1855
Chapelle Sta-Marione
Sta-Lucia di-Mercurio
Sermano
Monte di Castellu
1408
Perelli
Anc. Couvent d'A
Forêt Communale d'Evisa-Ota-Serriera
Cascade de Radule
Albertacce
Sidossi
Casamaccioli
Bustanico
Forêt de Cavallo-Morto
Musée de Corte
Castellare-di-Mercurio
San Nicolao
Mazzola
Forêt Dom. de Sabinetu
Col de Vergio
1477
le Golo Fl.
Castellu di Vergio
Capu di Valandru
1542
Capu di a Candela
1802
Forêt Dom. de Tavignano
le Tavignano Fl.
Corte
Aérodrome de Corte
Favalello
Sant'Andréa di-Bozio
Forêt Domaniale d'Aitone
Capu â Vetta
Village de Vacances
Castellu di Vergio
Église et Bapt. de San-Giovanni
Chapelle St-François
Punta di Mangolo
N 1197
N 197
N 1197
N 193
N 200
D 80
D 81
D 82
D 5
D 506
D 151
D 81
D 147
D 71
D 84
D 84

Wenn wir in *Saint-Florent* – der Hauptstadt der Region *Nebbio* – übernachten, buchen wir meistens ein Zimmer ohne Frühstück. Nicht etwa aus Geiz oder weil wir Frühstücks-Verachter sind. Im Gegenteil! Aber Saint-Florent wird wegen seines mediterranen Flairs auch als das Saint-Tropez Korsikas bezeichnet. Und was gibt es da Schöneres, als am Morgen draußen an einem Hafenbecken zu sitzen, sich im Straßencafé ein korsisches Frühstück zu gönnen und dem erwachenden Leben einer südlichen Hafenstadt zuzusehen?

Calvis Zitadelle wacht über den Hafen, in dem sich lecker Frühstücken lässt.

Okay, das französische Frühstück ist nicht wirklich opulent: Ein Croissant, ein, zwei Stücke Baguette, etwas Butter, etwas Marmelade und vielleicht noch ein Orangensaft, dann ist schon Schicht. Aber das Ambiente, das ist einfach unschlagbar. Und wenn dann auch noch das vollgepackte Motorrad gleich neben dem Tisch steht und man weiß: Gleich geht es los! Dann ist das einfach der perfekte Einstieg in den Tag.

Gut 25 Kilometer zirkeln wir nach unserem Start in Saint-Florent in Richtung Westen durch die bergige Landschaft. Dann lassen wir am ***Bocca di Vezzu*** unser Motorrad ausrollen. Auf dem 311 Meter hohen Pass steht eine große Informationstafel mit der Karte der Region und hier beginnt die kernige, etwa 15 Kilometer lange Offroad-Strecke quer durch die ***Désert des Agriates***, die Agriatenwüste. Sie ist die Eintrittskarte zu den fantastischen Stränden zwischen Saint Florent im Osten und dem ***Plage de l'Ostriconi*** im Westen. Annähernd 50 Kilometer Küstenlinie mit traumhaften Stränden; fast mit Karibik-Flair.

Wir wagen es: Unsere GS schlägt sich auf dem anspruchsvollen und steinigen Parcour mit Bravour. Unsere Freunde, die mit einem Straßenmotorrad unterwegs sind, streichen nach zwei, drei Kilometern die Segel. Sandfurchen, Gestein und diverse Längsrillen machen das Fahren mit einem 17 Zoll-Vorderrad und wenig Bodenfreiheit zum ungleichen Kampf. Der eine oder andere Steinbrocken mit deutlichen Ölspuren zeigt, dass hier bereits das eine oder andere Fahrzeug scheiterte. Gemeinsam entscheiden wir, dass wir lieber wieder zurückfahren. Aber aufgeschoben ist ja bekanntlich nicht aufgehoben. Mit Sicherheit werden wir wiederkommen und dann ist sie dran, die Désert des Agriates.

Fast verpasst

Kurz vor ***Lozari*** verlassen wir die Küstenstraße und biegen links auf die ***D12*** ab. Fast hätten wir das kleine Hinweisschild zum ***Bocca a Croce*** verpasst. Der 513 Meter hohe Pass führt ganz zu Unrecht ein Schattendasein unter

Typisch Korsika: Hungrige Kühe am Straßenrand und leckere Weine in der Bar.

den korsischen Pässen. Dabei ist gerade die Zufahrt sehr interessant. Unter mächtigen Laubbäumen hindurch kurven wir hoch in die Berge, umrunden auf der Straße liegendes Geröll und diverse herabgefallene Äste. Zwischendurch bremst auch eine ziemlich entspannte Pferdeherde unseren Vorwärtsdrang. Die gescheckten Vierbeiner stehen auf der Straße herum, genießen die Aussicht, schmeißen reichlich Pferdeäpfel auf den Asphalt und machen nur wenig Anstalten, mal einen Schritt zur Seite zu treten.

Spektakuläre Schlucht

Unser Ziel ist *Ponte-Leccia*, jedenfalls die Richtung. Kurz vor dem Bergstädtchen heißt es rechts abbiegen. Es wartet eine der schönsten und spektakulärsten Schluchten Korsikas auf uns – die *Gorges de l'Asco* oder Asco-Schlucht. Auf knapp 35 Kilometern Länge folgt die *D147* dem Bergfluss *Asco* und bietet dabei grandiose Ausblicke auf die umliegenden, zum Teil weit über 2 000 Meter hohen Berggipfel. Wir wissen nicht, was wir zuerst bestaunen sollen: Die grauen mächtigen Felswände, das türkis schimmernde und weiß rauschende Wasser gleich neben der Fahrbahn oder den herrlichen Kontrast zwischen dem tiefblauen Himmel und den dichten grünen Bergwäldern.

Obst und Oliven

Etwa auf halber Strecke nutzen wir einen kleinen Stichweg von etwa hundert Metern Länge, der direkt hinunter an das Flussufer führt. Wir klettern auf den gewaltigen wasserumspülten Felsbrocken im Flussbett herum, beobachten und belauschen einen Specht, der sich mächtig Mühe macht, unter der Rinde Essbares zu finden und packen schließlich unsere Zutaten für ein gelungenes Picknick mitten im Wald aus: Frisches Baguette, etwas korsischen Käse, köstliche Oliven und ein bisschen Obst als Nachtisch. Dazu würde jetzt natürlich auch perfekt ein Glas des guten korsischen Weines passen. Damit müssen wir dann aber bis heute Abend warten, schließlich warten noch einige kurvenreiche Kilometer auf uns.

Ganz am Ende der Schlucht wartet *Haut-Asco* auf uns. Nicht viel mehr als ein großer Parkplatz mit einigen wenigen Häusern und einem großen Restaurant. Hier parken viele Wanderer, die weiter hinauf in die Berge wollen.

Grandiose Wanderwege gibt es hier reichlich und auch der spektakuläre Weitwanderweg *GR20*, eine der schönsten Wanderstrecken Europas, führt hier entlang. Wir gönnen uns ein leckeres Magnum-Mandel mit Bergaussicht und machen uns dann wieder

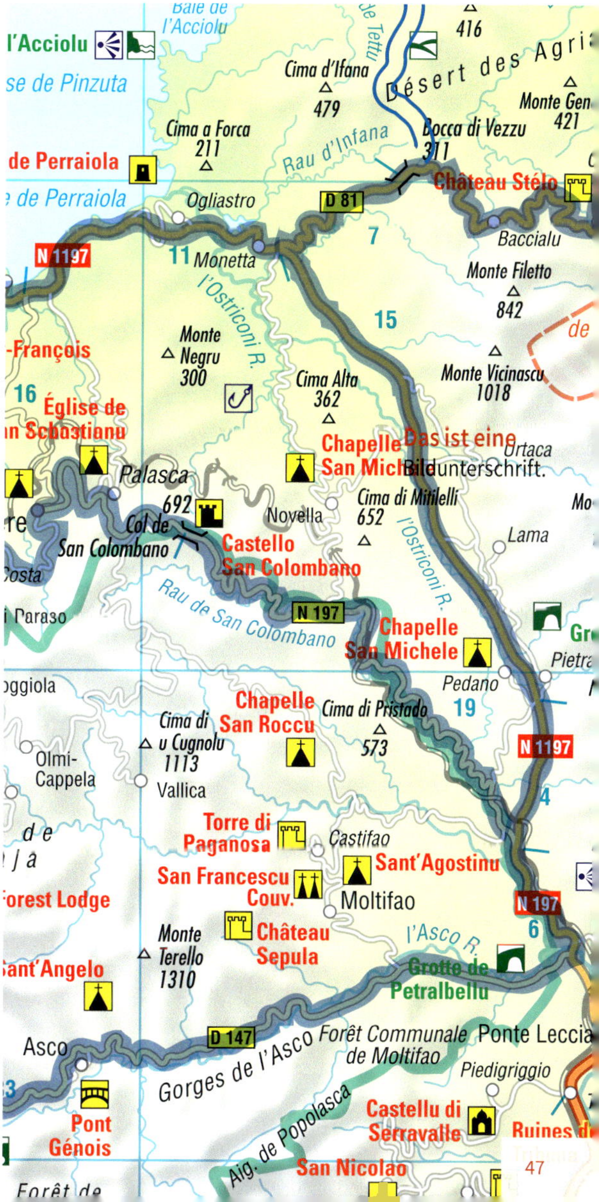

Das ist eine Bildunterschrift.

Sackgasse mit Flair: Einfahrt in die Asco-Schlucht.

auf den Rückweg. Die Asco-Schlucht ist eine der Strecken, die man einfach auch in der Gegenrichtung befahren kann und dennoch das Gefühl hat, auf einem völlig neuen Weg unterwegs zu sein.

Schilder? Fehlanzeige!

Ein kurzes Stück fahren wir auch die *N2197* zurück, dann passieren wir den *Col de Colombano* und ich steuere *Belgodere* an. Die anschließende Bergstrecke via *Speloncato, Muro* und den aussichtsreichen *Col de Salvi* nach *Montegrosse* ist nicht immer einfach zu finden, Schilder sind bisweilen Fehlanzeige, aber die Strecke lohnt sich auf jeden Fall. Und schließlich ist man ja im Urlaub und hat jede Menge Zeit für den oder anderen Blick auf die Karte.

Bald haben wir wieder die Küstenstraße erreicht und sind nur noch ein paar Minuten von *Calvi* entfernt. Zügig fliegen wir die letzten Kilometer und rollen bald über die Stadtgrenze der fünftgrößten Stadt Korsikas. In der Unterstadt, direkt am Hafen, stellen wir unser Motorrad ab und wandern ein wenig durch Calvis Gassen. Das kann ganz schön anstrengend werden, schließlich liegt die Oberstadt mit ihrer beeindruckenden Festung und dem Gouverneurspalast viele, viele Treppenstufen höher. Aber die Mühe

AUTOREN-TIPP

Auf keinen Fall verpassen, darf man die **HISTORISCHE GENUESERBRÜCKE** über den rauschenden Bergfluss Asco im gleichnamigen Ort der Gorges de l'Asco. Einfach mal das Motorrad abstellen und ein wenig in den mächtigen Felsen neben dem Wildwasser herumklettern – macht richtig Spaß.

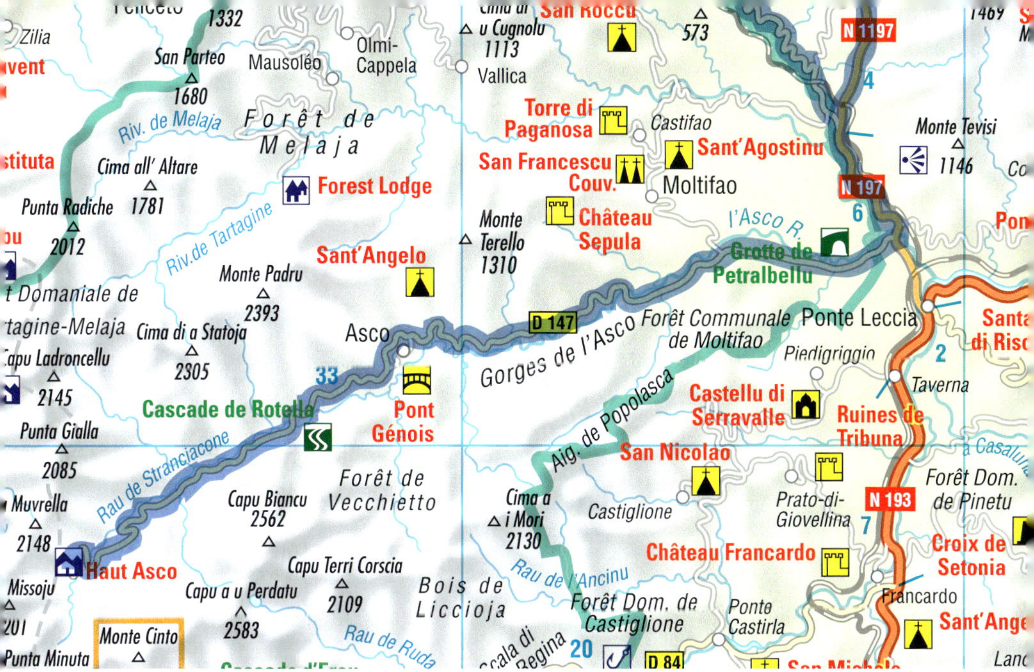

lohnt sich. Es macht Spaß, durch die kleinen Gässchen zu bummeln, urige Läden und die Zitadelle zu entdecken und die vielen Aussichtspunkte aufzuspüren, von denen man einen tollen Blick aufs Meer hat. Wir stärken uns mit leckeren Crêpes, drehen noch eine Runde zu Fuß durch den Hafen und schwingen uns wieder auf die BMW. Der Rückweg ruft.

Im großen Bogen umrunden wir die Bucht von Calvi. Vorbei an der Kaserne der hier stationierten Fremdenlegion steuern wir die Küste bei

Je weiter, je höher: Panorama pur in der oberen Asco-Schlucht.

PALME
MERCURY
BI 80 61 76

Algajola an. Vorbei an dem lebhaften Touristenort führt die Küstenstraße, die *N197*, nach *L'Île Rousse*. Wären wir nicht bereits in Calvi so viel zu Fuß unterwegs gewesen, hätten wir auch dieses schöne Küstenstädtchen noch besucht. Vor allem der über einen schmalen Damm erreichbare, vorgelagerte *Porphyr-Felsen* lohnt einen Besuch. Aber auch die schönen Strände der Stadt und die netten Cafés sind immer einen Besuch wert. Kiki und mir steht aber mehr der Sinn nach Motorradfahren und so bleiben wir auf der Küstenstraße, steuern weiter gen Norden. Die schwingt sich entlang der Berge und bietet auf den nächsten acht Kilometern mal wieder herrliche Blicke auf die See.

Bootsfahrten entlang der Küste der Balagne lassen sich in Calvis Hafen buchen.

Strandspaß pur

Unser letzter Stopp liegt gleich bei *Ogliastro*. Hier liegt einer der schönsten Strände Korsikas, der *Plage de l'Ostriconi*. Einsam, weiß leuchtend, umgebend von fantastischer Natur und nie richtig voll. Letzteres ist kein Wunder, lässt sich der Strand doch nicht direkt anfahren. Die letzten Meter muss man per Pedes etwas hinabklettern, wird dann aber mit Hunderten von Metern bestem Strandvergnügen belohnt. Wir genießen das Panorama und nehmen uns fest vor, hier einen ganzen Strandtag einzulegen. Es gibt auch einen netten Campingplatz ganz in der Nähe, von dem man zu Fuß in Kürze den Strand

Haus am Hang: Ruinöses Gemäuer an der Küstenstraße.

erreicht. Gedanklich haben wir ihn gleich mal notiert. Man ist ja schließlich nicht immer nur zum Motorradfahren hier.

Bald passieren wir wieder den *Bocca di Vezzu*, wo wir heute vormittag unseren ersten Anlauf zu den Stränden der Désert des Agriates starteten. Auch dieses Highlight wird ein weiterer Punkt auf unserer Liste der noch zu erlebenden Korsika-Abenteuer. Die letzten 25 Kilometer bis Saint-Florent lassen wir es dann nochmal fliegen. Auf der breit und gut ausgebauten Straße, werfe ich die BMW von einer Seite auf die andere, überhole hurtig ein paar Autos und genieße quasi im Endspurt die letzten Kilometer für heute. ◀

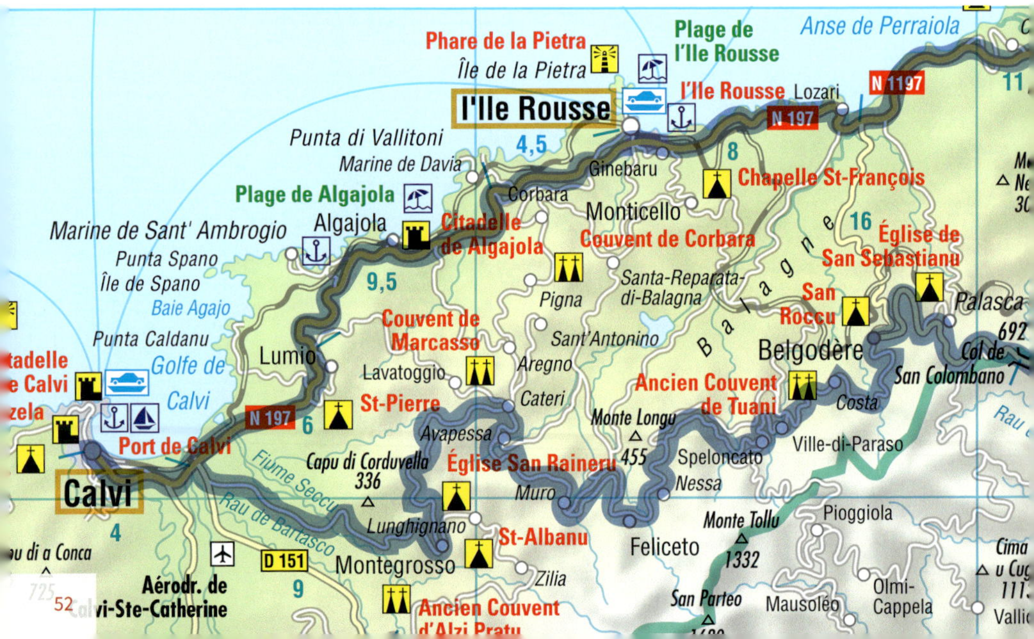

INFOS ZUR TOUR

CHARAKTERISTIK

Hier kommen die Sportfahrer auf gut ausgebauten Strecken auf ihre Kosten, Entdecker lieben die verwinkelten Bergstraßen im Hinterland und Reiseendurofahrer können sich in der Désert des Agriates die ersten Schotter-Meriten verdienen. Mit der Asco-Schlucht gibt es ein Naturspektakel.

PÄSSE DER TOUR

Col de Colombano (692m), Col de Salvi (528m).

ÜBERNACHTUNG

Hostellerie de l'Abbaye
San Francesco, 20260 Calvi
Nicht ganz preiswert, aber toller Service, klasse Zimmer, zentrale Lage.
www.hostellerie-abbaye.com
GPS 42.33485, 8.45152

Hotel Le Belvédère
Place Christophe Colomb, 20260 Calvi
Freundliches Personal, zentrale Lage und ansprechende Zimmer
www.hotel-calvi.com
GPS 42.34048, 8.45298

KOMBINATIONSMÖGLICHKEITEN

Ab Calvi startet direkt Tour 3, gleich daneben liegen Tour 1 und 4. Es bieten sich Abstecher zur Schlucht Gorges de la Tartagine und zu den Felsen Chaos de Bocca-Rezza an. Von St.-Florent aus lässt sich auch eine interessante Tour über den Col de S. Stefano in das hübsche Bergdorf San Michele einbauen: eine sehr spannende Strecke. Wer nicht genug von den Kurven bekommen kann, hält sich in der Nähe des Dörfchens Palasca gen Süden und besucht die Gorges de la Tartagine.

PS
H 23

Berge und **Küsten**

Die Strecke von Calvi nach Corte ist wahrlich reich an spektakulären Highlights. Die fantastische Küstenstraße hoch über dem Meer beim Col de la Croix, die unvergleichliche Felsenküste der Calanche, die aussichtsreiche Route hinunter an den Plage d'Arone, die Spelunca-Schlucht und natürlich Korsikas höchster Pass – der Col de Vergio. Dies ist unsere absolute Lieblingsstrecke auf der Insel.

Zwischen dem Col de la Croix und Porto locken reichlich Aussichten.

TOUREN-STECKBRIEF

BASISORT
Calvi (42.563737, 8.755886)

STRECKENLÄNGE
ca. 230 km

DAUER DER TOUR
7-8 Stunden

ROADBOOK
Calvi, Col de la Croix, Porto, Les Calanche, Plage d'Arone, Porto, Col de Vergio, Calacuccia, Corte, Restonica-Schlucht, Corte

HIGHLIGHTS
Les Calanche: bizarre, rotleuchtende Felsen, Schluchten und unglaubliche Panoramen (42.15166, 8.39482).

Die Spelunca-Schlucht mit der in den Fels geschlagenen Straße ist extrem spannend (42.14294, 8.46424).

Mit 1470 Metern ist er der höchste Pass Korsikas, der Col de Vergio (42.17252, 8.52419).

Die Calanche hinter Porto.

Punta di Malfalcu
Marina d'Alga
Punta di Solche
Baie de l'Acciolu
Punta di l'Acciolu
Anse de Pinzuta
Désert des Agriates
Cima d'Ortella 416
Cima d'Ifana 479
Cima a Forca 211
Bocca di Vezzu 311
Tour de Perraiola
Anse de Perraiola
Ogliastro
Château Stéla
Bacciulu
Monte Filetto 842
Phare de la Pietra
Île de la Pietra
Plage de l'Ile Rousse
l'Ile Rousse
L'Ile Rousse
Lozari
N 1197
N 197
D 81
Monetta
Punta di Vallitoni
Marine de Davia
Plage de Algajola
Corbara
Monticello
Chapelle St-François
Monte Negru 300
Cima Alta 362
Monte Vicinascu 1018
Marine de Sant' Ambrogio
Algajola
Citadelle de Algajola
Couvent de Corbara
Église de San Sebastianu
Chapelle San Michele
Urtaca
Punta Spano
Île de Spano
Baie Agajo
Pigna
Santa-Reparata-di-Balagna
San Roccu
Palasca
Cima di Mitileli 652
Phare de Punta di a Revellata
Punta Caldanu
Golfe de Calvi
Sant'Antonio
Belgodère
Novella
Punta di a Revellata
Citadelle de Calvi
Lumio
Couvent de Marcasso
Aregno
Col de San Colombano
Castello San Colombano
Lama
Punta Bianca
Fort Mozzela
Lavatoggio
Cateri
Ancien Couvent de Tuani
Costa
Grote des Veaux Marins
St-Pierre
Port de Calvi
Avapessa
Monte Longu 455
Ville-di-Paraso
Église de Notre-Dame de la Serra
Calvi
Capu di Corduvella 336
Église San Raineri
Speloncato
Nessa
Chapelle San Michele
Punta Guale
Baie de Nichiareto
Muro
Lunghignano
St-Albanu
Feliceto
Monte Tolu 1332
Pioggiola
Chapelle San Roccu
Cima di Pristalo 573
Punta di Cantaleti
Capu di a Conca 725
Aérodr. de Calvi-Ste-Catherine
D 151
Montegrosso
Zilia
Olmi-Cappela
Cima di u Cugnolu 1113
Vallica
Capo Cavallo
Ancien Couvent d'Alzi Pratu
San Parteo 1680
Mausoléo
Capu Pianu 848
Moncale
Calenzana
Église Santa Restituta
Forêt de Melaja
Torre di Paganosa
Castifao
Torre di Paganosa
Torre Truccia
Tarazone
Suare
Cima all' Altare 1781
Forest Lodge
San Francescu Couv.
Sant'Agostinu
Moltifao
Punta di Vigatoggio 256
Bocca di Marsolinu 443
GR 20
Capu di Pratu 828
Punta Radiche 2012
Monte Terello 1310
Château Sepula
Capu di a Mursetta
San Quilico
Ref. de l'Ortu di u Piubbu
Capu Jovu 1629
Sant'Angelo
Grotte de Petralbellu
Plage de Crovani
Église St-Jean
Capo Ghineparo 891
Forêt Domaniale de Tartagine-Melaja
Monte Padru 2393
Asco
Ponte Leccia
Punta Farrajola
Argentella
Punta Scaffo 692
Cima di a Statoja 2303
D 147
Forêt Communale de Moltifao
Piedigriggio
Punta di Cluttone
Forêt de Calenzana
Ref. de Carrozzu
Capu Ladroncellu 2145
Gorges de l'Asco
Golfe de Galéria
Tour Maraghiu
Capo di Vegno 1389
Cirque de Bonifatu
Cascade de Rotella
Pont Génois
Castellu di Serravalle
Plage de Galéria
Punta Gialla 2085
Ruines Tribuna
Punta di Stollu
Olmo
Église de Santa Lucia
Capu a u Ceppu 1951
Forêt de Vecchietto
San Nicolao
Port de Galéria
Pt. Muvarecchia 407
Filosorma
a Muvrella 2148
Capu Biancu 2562
Cima a i Mori 2130
Prato-di-Giovellina
Punta Bianca
D 351
Galéria
le Fango
Punta a Scala 1409
Haut Asco
Castiglione
Punta Validori
Château de Tuarelli
Tuarelli
Capu Terri Corscia 2109
Château Francardo
Baie de Focolara
Château l'Ambiu
Calca
Punta Missoju 2201
Capu a u Perdatu 2583
Bois de Liccioja
Punta Nera
Parc Naturel
Manso
Bocca a e Poste 1437
Monte Cinto 2706
Forêt Dom. de Castiglione
Ponte Castirla
Baie d'Elbo
Capu Licchia 639
Forêt de Tetti
Punta Minuta 2556
Cascade d'Ercu
Scala di Santa Regina
San Michele
Réserve Naturelle de Scandola
HAUTE-CORSE
CORSE-DU-SUD
Barghiana
Lac du Cinto
Castirla
Girolata
Forêt Domaniale du Fangu
Monte Estremo
Ref. Tighiettu
Corscia
Sant'Angelu
Soveria
Golfe de Girolata
Tour de Girolata
Punta Salisei 927
Santa Maria Couvent
Paglia Orba 2525
Monte Albanu 2018
Pantanacce
Lozzi
S.Pancraziu
Forêt Communale de Corscia
Col de la Croix 269
Capu a Giallichiccia 1619
Régional
Ref. Ciuttulu di i Mori
Grotte des Anges
Poggio
Calacuccia
Galgbellu
Punta Scandola
Curzu
Punta Licciola 2235
Musée Albertacce
Albertacce
Sidossi
Pont de Futanella
Casamaccioli
Punta Finosa 1855
Chapelle Sta-Marione
Capu Seninu
Osani
Forêt Communale d'Evisa-Ota-Serriera
Cascade de Radule
Forêt de Cavallo-Morto
Forêt Dom. de Tavignano
Musée de Corte
Punta â Scopa
Cala di Lignaja
Partinello
Serriera
Forêt Dom. de Sabinetu
Col de Vergio 1477
Castellu di Vergio
D 84
Capu di Valandru 1542
Capu di a Candela 1802
Corte
Plage de Gradelle
Tragbino
Forêt Domaniale d'Aitone
Castellu di Vergio
Église et Bapt. de San-Giovanni
Plage de Caspio
Punta Bianca
Capu â Vetta 1282
Village de Vacances d'Aitone
de la Corse
Chapelle de Grecs
Golfe de Porto
D 81
Porto
Pont de Pianella
Col de St Pierre 1452
Punta di a Gianfena 1408
N 193
Port de Porto
Ota
Cascades d'Aitone
Capu di Melo 1564
Capu a u Tozzu 2007
Lac de Nino
Punta Artica 2327
Punta di i Castelli 2180
Gorges de la Restonica
Santo-Pietro-di-Venaco
Punta di Ficajola
Les Roches Bleues
Evisa
Château de Pozzo di Borgo
Chapelle Ste-Alexandre
Capo d'Orto 1294
Pont de Zaglia
Cristinacce
Cimatella 2098
Lavu di l'Oriente
Monte Cardu 2458
Col de Lava 491
Piana
Marignana
Capizzolu 1295
Capu a u Chiostru 2295
Lac de Goria
Lac de Cavaccio
Venaco
la di Palu
l'Ancisa
Capu di u Virtuollu 1330
Capu a e Macennule 1226
Cascade Piscia a l'Onda
Ref. de Manganu
Monte Rotondo 2622
2437
Punta Felicina
Monte Ravu 727
u Favarone 1633
Punta di Casta Degna 1753
Tusselli
D 81
Poggio
Commune de Renno
Monte Sant'Eliseo 1511
Lavu Bellebone
Pont du Vecchio
Chapelle St-Roch
St-Roch
Letia
Punta di Crusta 1112
Soccia
Petra Piana
Punta di Petra Facciata 1733
Église Sta-M
Revinda
Capu di Calazzu 1131
D 70
Rocher de l'Arca di a Cartena
Orto
Fiume Grossu
Punta di Pinzi Corbini 2021
Gorges du Manganellu
Fortin de Pasciolu
Village de Vacances
Col de Torraccia 100
Bains de Caldanelle
Balogna
Col de St. Antoine 491
Vico
Poggiolo
Guagno
Punta a i Muzzolini 1634
Vivario
e de Chiuni
Capu di Bogliu 696
Murzo
Guagno les Bains
Col de la Serra
Marchese
Lozzi
904
Couvent de St-François
Punta di Cuirrcia 1231
Forêt Comm. Guagno
807
Église de Cargèse
Punta di a Cuma
Ref. de l'Onda
Monte d'Oro 2389
Pero
Cargèse
Bocca di Vetricelle 141
Cruciate
Punta di e Saltelle 920
Arbori
Monte Cervellu 1623
Pastricciola
Chiusa
Port de Cargèse
Sant'Appiano Cathédrale
Rosazia
Guigliaccia
Forêt de Gattica
2264
Vizzavona
Grotte de Mulendinu
Sagone
Coggia
Salice
Rezza
Frasseto
Punta Migliarellu
Fort de Vizzavona
Plage de Stagnoli
Vedolaccia
Scanalajaccia
Punta di Trio
Anse de Sagone
Plage de Sagone
Azzana
Vignamajo
Église de Notre-Dame des Carmes
Col de Vizzavona 1163
Ghisoni
le Village de Penisola
Chapelle San Chirgu
Lopigna
Punta di l'Oriente
Punta San Giuseppe
D 81
Arro
Punta di a Malandrina 994
Bossu
2112
Plage de Liamone
Ambiegna
Punta di a Vida 866
Punta Peccuraghju 1039
Forêt Dom. de Vero
Bocognano
Capannelle
Golfe de Sagone
Punta Capigliolo
Tiuccia
Casaglione
Sari-d'Orcino
N 193
Tavera
Monte Renoso 2352
Forêt Communale de Ghisoni
Golfu di a Liscia
San Giovanni
Sant' Andréa-d'Orcino
Punta Sant'Eliseo 1271
San Giovanni Église
Vero
Punta â Vetta 2255
la Liscia
Tour d'Ancone
Ancone
La Cinarca
Cannelle
Monte Maio 831
Tavaco
Costeglia
Ucciani
Punta d'Isa 1630
Punta a u Pichiu 1580
Punta Scaldasole 2101
Ref. San Pietro di Verde
Punta Paliagi
Pévani
Calcatoggio
Sarrola-Carcopino
Suaricchio
Carbuccia
Punta Pioggiola 2014
Chapelle San Sebastiano
Appietto
Pantano
Punta Caccione 1265
Punta di Chersichini 1341
Cascade
Plateau d'Ese
Résidences du Golfe de Lava
Piscia Rossa
Mandriolo
Col de Carazzi 204
Albitrone
Peri
Grotta di Sampiero Corso
Bastelica
Punta Vaccaju

Es geht früh los heute. Unser Tages-Programm ist proppenvoll und unsere geplanten Strecke ist nicht unbedingt dafür geeignet, auf die Tube zu drücken. Sowieso sollte man sich auf der Insel stets mit dem Tempo zurückhalten. Mehr als einmal haben wir die Erfahrung gemacht, dass sich der eine oder andere Korse mal gerne mit Festlandbewohnern auf der Straße misst. Und auch wenn das Mopped gut motorisiert ist, der Korse kennt seine Hausstrecken aus dem FF und spielt diesen Trumpf voll aus. Und außerdem – wir sind ja im Urlaub hier, wenn wir etwas haben, dann Zeit.

Im Rückspiegel wird ***Calvi*** stetig kleiner und kurz bevor es ganz verschwindet, setze ich den Blinker und folge dem kleinen Schild zur Chapelle de Notre Dame de la Serra. Der wohlklingende Name verspricht nicht zu viel. Spektakulär liegt die Kirche auf dem Gipfel von Calvis Hausberg und der Blick über den ***Golfe de Calvi*** ist einfach fantastisch. Ein schneeweißes Kreuzfahrtschiff liegt mitten in der Bucht vor Anker und ein riesiges, über

der Bucht kreisendes Militärflugzeug spuckt immer wieder kleine Gruppen von Fremdenlegionären aus, die an dunklen Fallschirmen über den Stränden niedergehen.

Hoch über dem Golfe de Calvi liegt die Kirche Notre Dame de la Serra (oben und links).

Fahrvergnügen pur

Wir können uns nur schwer losreißen von dem tollen Blick, steuern aber dann doch wieder die ***D81b*** an und folgen der Küste in Richtung Süden. Großartig schlängelt sich deren Asphalt durch die Berge, um kleine Buchten herum, mal bergauf, mal steil bergab. Es geht kaum mal hundert Meter geradeaus. Von oben fällt unser Blick auf die kleinen Fischerboote, die durch die Wellen pflügen, eine weiße Spur im blauen Meer hinterlassend. Links von uns huscht die grüne *Macchia* im Wechsel mit grauen, zackigen Fel-

Punta Spano
Île de Spano
Baie Agajo
Phare de Punta di a Revellata
Punta di a Revellata
Punta Caldanu
Citadelle de Calvi
Golfe de Calvi
Punta Bianca
Fort Mozzela
Grote des Veaux Marins
Port de Calvi
Église de Notre-Dame de la Serra
Calvi
Punta Guale
4
Baie de Nichiareto
Capu di a Conca
725
Punta di Cantaleli
Aérodr. de Calvi-Ste-Catherine
Capo Cavallo
9
D 81
Capu Pianu
848
Torre Truccia
Suare
Punta di Vigatoggio
256
Bocca di Marsolinu
443
San Quilico
Capu di a Mursetta
Église St-Jean
Plage de Crovani
Capo Ghineparo
891
Argentella
Punta Farrajola
Forêt de Calenzana
Punta di Ciuttone
18
Golfe de Galéria
Tour Maraghiu
Rau de Marsolinu
1389
Plage de Galéria
Punta di Stollu
4
Olmo
Église de Santa Lucia
Port de Galéria
D 351
D 81
Filosorma
Punta Bianca
Pt. Muvareccia
407
Galéria
le Fango
Punta Validori
Calca
Château l'Ambiu
Tuarelli
Château de Tuarelli
Punta Pallazzu
Baie de Focolara
Punta Nera
Parc Naturel
Manso
Fangu
Baie d'Elbo
Phare di Gargalu
Capu Licchia
639
HAUTE-CORSE
CORSE-DU-SUD
Forêt de Tetti
Isola di Gargalu
Réserve Naturelle de Scandola
Barghiana
25
Forêt Domaniale du Fangu
Baie de Solana
Girolata
Punta Salisei
927
Tour de Girolata
Golfe de Girolata
Capu â Giallichiccia
1619
Cala di Gattaja
Rau de Verticella
Punta Muchillina
Col de la Croix
269
Punta Scandola
Curzu
Osani
Capu Seninu
Forêt Communale d'Evisa-Ota-Serriera
Partinello
Punta â Scopa
Cala di Lignaja
24
Serriera
Plage de Gradelle
Forêt Dom. de Sabinetu
Plage de Caspio
Tragbino
Punta Bianca
Capu â Vetta
1282
D 81
Golfe de Porto
Porto
Port de Porto
Pont de Pianella
Ota
Punta di Ficajola
Les Roches Bleues
13
Evisa
Punta di a Guardiola
Chapelle Ste-Aléxandre
Capo d'Orto

sen an uns vorbei. Viel ist hier nicht los, der Hauptverkehr rollt über die besser ausgebaute *D81* im Hinterland. Umso mehr lässt sich die Fahrt hier genießen.

Hinter dem *Pass Bocca Bassa* wendet sich die Straße ein wenig von der Küste ab und mündet dann schließlich auf die D81. Fahrvergnügen pur – der über 400 Meter hohe *Col de Palmarella* eröffnet einen Kurvenreigen, der selbst auf Korsika seinesgleichen sucht.

super baden, es gibt auch ein schönes Strandcafé.

Chaos im Rückspiegel

Kurz vor Porto geht erst einmal gar nichts mehr. Wenn auch sonst gerade sehr wenig Verkehr herrscht, so begegnen sich doch ausgerechnet in der letzten Kehre vor dem Ort zwei Busse. Wobei das Problem eigentlich weniger die beiden Busse sind, als die

Griffigen Asphalt gibt's am Col de la Croix.

Hier liegt übrigens auch die Grenze zwischen den beiden Départements *Corse-du-Sud* und *Haute-Corse*, die die französische Insel bilden. Über den *Col de la Croix*, der einen genialen Blick über die Küstenlandschaft bietet, steuern wir *Porto* an; lassen es uns aber nicht nehmen, einen Abstecher zum *Plage de Caspio* zu unternehmen. Hier lässt es sich nicht nur

Autofahrer dahinter. Eigentlich müsste ja nur einer der Beiden ein paar Meter zurückfahren. Das geht aber nicht, weil dahinter mal zackig aufgefahren wird.

Wie gut, dass wir mit einem einspurigen Fahrzeug unterwegs sind. Zentimetergenau quetschen wir uns zwischen Bus und parkenden Autos hindurch und lassen das Chaos ganz schnell im Rückspiegel verschwinden. Glück gehabt!

Porto empfängt uns wie immer mit viel Charme. Toll in der Bucht des kleinen gleichnamigen Flusses gelegen, lockt der Ortskern mit einladenden Cafés und einer netten Promenade. Der Strand wird von einem riesigen Felsen überragt, auf dessen Spitze sich ein pisanischer Turm befindet. Auch der war einst in das Torregiana genannte Verteidigungssystem der Genueser eingebunden. Heute lässt er sich für kleines Eintrittsgeld erklimmen. Von seiner Spitze aus hat man einen tollen Blick auf den Golfe de Porto. Die riesige Bucht gilt als die schönste Korsikas und wurde nicht umsonst von der UNESCO als Weltnaturerbe eingestuft.

Kein Wunder, schließlich wird ihre Südseite von der Calanche gebildet, der bizarren, fantastischen Felsenlandschaft aus rötlichem Granit. Gleich hinter Porto führt die D81 durch das steinerne Labyrinth. In rund 400 Metern Höhe rollen wir durch abstrakte Fels-Gebilde. Durch chemische Verwitterung von innen nach außen haben sich zum Teil sogenannte Tafoni gebildet. Eigentümlich geformte, oft skurril wirkende Skulpturen. Einigen von ihnen haben die Korsen Namen gegeben. So findet sich hier gleich neben dem Asphalt der Tête du chien, der Hundekopf, oder die Schildkröte La Tortue oder auch L'Aigle, der Adler. Es braucht gar nicht mal so viel Phantasie, diese Formen zu erkennen, so eindeutig lassen sie sich identifizie-

Die alte Genueserbrücke überspannt bei Ota den Porto.

Am Abend glühen die Felsen der Calanche.

Zwischen Piana und dem Plage d'Arone liegen feine Aussichtspunkte.

ren. Wir genießen den tollen Anblick und die herrlichen Ausblicke zwischen den Felsen weit hinaus in das Ligurische Meer. Nur langsam geht es vorwärts, gibt es doch so viel zu gucken.

Ganz großes Kino

In *Piana* endet dieser grandiose Streckenabschnitt und wir biegen rechts ab in Richtung des *Plage d'Arone*. Schnell hat man das kleine Hinweisschild übersehen, aber das wäre wirklich mehr als schade. Schließlich führt eine der aussichtsreichsten Straßen Korsikas hinunter an den idyllischen Badestrand. Etwa auf halber Strecke gibt es einen bekannten Aussichtspunkt. Lange genießen wir von hier den unglaublichen Blick über den *Golfe de Porto*. Ein Einheimischer, mit dem wir ins Gespräch über unser Motorrad kommen, meint, hier gebe es die

schönsten Sonnenuntergänge Korsikas. Wir glauben das gerne und nehmen uns fest vor, hier noch einmal abends vorbeizuschauen. Das Gleiche gilt übrigens auch für die *Calanche*.

Die Felsen glühen

Am beeindruckendsten ist diese Landschaft, wenn am späten Abend das rötliche Licht des Sonnenuntergangs auf die Felsen fällt und diese zu glühen scheinen. Unten am Strand des Plage d'Arone angekommen, lassen wir die BMW stehen und genießen bei einer erfrischenden Orangina die herrliche Landschaft. Für uns ist dieser Strand mit seinem tollen Ambiente, den Cafés und Restaurants, einer der schönsten der ganzen Insel. Der strahlend weiße Sand leuchtet in der Sonne, das Meer glitzert in einer einzigartigen Mischung zwischen Blau und Türkis und selbst im Sommer wirkt dieses schöne Fleckchen Erde nie wirklich überfüllt.

AUTOREN-TIPP

Zwischen Porto und der Spelunca-Schlucht gibt es parallel der D84 noch eine anspruchsvolle Bergstraße, die **D124** über Ota. Die ist sehr eng, sehr kurvenreich, sehr spannend, sehr schön! Diese Ecke ist übrigens auch eine fantastische Wanderregion. Einfach mal die Motorradstiefel gegen Wanderstiefel tauschen – es lohnt sich!

Bald schwingen wir uns dann wieder auf's Motorrad. Es geht zurück nach Porto. Noch einmal dürfen wir die traumhafte Calanche auf uns wirken lassen, dann erreichen wir Porto, versorgen unsere BMW mit Benzin und uns mit den Zutaten für ein mittägliches Picknick. Unser Plan: Eine gemütliche Pause auf Korsikas höchstem Pass, dem *Col de Vergio*. Vorher heißt es aber noch, die *Gorges de Spelunca* zu durchqueren. Und gleich wieder ein Superlativ, gilt die *Spelunca-Schlucht* doch als eine der schönsten, wenn nicht gar die Schönste Schlucht

Der Berg ruft: Es geht zum Col de Vergio.

Korsikas. Diese Bezeichnung trägt sie verdient. Die Fahrt zwischen den engen Felswänden hindurch beeindruckt uns nachhaltig. Mal etwas breiter, meist aber ziemlich schmal, windet sich die *D84* durch die mächtige Schlucht. Rechts unter uns rauscht das Wildwasser des Porto, links türmen sich die riesigen Felswände, deren Gipfel bis weit über 1000 Meter hoch in den Himmel zu wachsen scheinen.

In wilden Kehren und Kurven zirkelt der Asphalt immer höher hinauf und es wird merklich frischer. Anfangs noch angenehm kühl, nimmt die Temperatur in Richtung des Passes doch deutlich ab und der Wind zu. Selbst auf der dicht bewaldeten Zufahrt zum Pass wehen uns ziemlich frische Böen um die Nase und als wir schließlich die mächtige Statue auf der Passhöhe erreichen, hat sich die Temperatur deut-

Höher geht's immer: am Col de Vergio.

Wohlverdiente Pause am See von Calacuccia.

lich gesenkt. Immerhin 1470 Meter ist er hoch, der Col de Vergio, der hier die beiden Départements Korsikas verbindet: Corse-du-Sud, Süd-Korsika, im Südwesten und *Haute-Corse*, Ober-Korsika, im Norden. Das Picknick bleibt vorerst im Koffer, zu frisch ist es uns auf der Passhöhe.

Rauschendes Wildwasser

Mit jedem Meter, den wir uns auf der Ostrampe des Passes wieder herunterkurven, wird es auch wieder wärmer und als wir schließlich am *Lac de Calacuccia* ankommen, liegt der Stausee warm und einladend in der Sonne. Im Ort *Calacuccia* verlassen wir die D84 und folgen einige hundert Meter dem Ufer des Sees. Hier stehen ein paar Bänke und nur wenige Meter weiter lädt das Seeufer zum Verweilen – der ideale Platz für eine erholsame Pause.

Durch die *Scala di Santa Regina* führt uns die nächste Etappe in Richtung *Corte*. Auch hier ragen wieder gewaltige Felswände rechts und links in die Höhe. Die Straße folgt dem rauschenden Wildwasser des *Golo* und

Zwischen Fels und Wasser in der Schlucht Scala di Santa Regina.

der Schlucht, die das Wasser in Jahrtausenden durch die korsischen Felsen schmirgelte. Und da aller guten Dinge bekanntlich drei sind, nehmen wir auch gleich noch die dritte spektakuläre Schlucht unter die Reifen: Die ***Gorges de la Restonica*** südwestlich von Corte. Die ist eine 15 Kilometer lange Sackgasse, ziemlich eng und jeden einzelnen gefahrenen Meter mehr als wert. Auch hier war das Wildwasser über tausende von Jahren fleißig und das Ergebnis kann sich sehen lassen: Steil geht es durch die unglaubliche Schlucht nach oben, deren Ende in etwa 1260 Meter hoch in den Bergen liegt. Von hier aus starten viele Wanderer und Kletterer auf den 2622 Meter hohen ***Monte Rotondo***, einen der schönsten Korsika-Gipfel. Und natürlich führt auch hier der sensationelle Weitwanderweg ***GR20*** vorbei, der so viele Highlights Korsikas ansteuert.

Langsam, aber sicher, neigt sich der Tag dem Ende zu. Für uns das Signal, Corte anzusteuern. Die Hauptstadt des gleichnamigen Arrondissements liegt auf einem Hochplateau in 436 Metern Höhe und war von 1755 bis 1769 sogar Hauptstadt Korsika. Mit seiner malerischen Zitadelle, der historischen Altstadt, kleinen Gässchen und einem tollen Angebot an Bars und gemütlichen Restaurants, ist die einzige Universitätsstadt der Insel der ideale Ort, diese spannende Tour ausklingen zu lassen. ◀

Schöner shoppen: Lokaler Spezialitätenladen in Corte.

INFOS ZUR TOUR

CHARAKTERISTIK

Diese Route dürfte zum Beeindruckendsten zählen, was Korsika aufzubieten hat. Eine unglaubliche Küste, die Calanche, die Spelunca-Schlucht, Korsikas höchster Pass, der Col de Vergio, die Scala di Santa Regina und natürlich die grandiose Restonica-Schlucht.

PÄSSE DER TOUR

Col de Palmarella (408 m), Col de la Croix (260 m), Col de Vergio (1470 m).

ÜBERNACHTUNG

Hotel Sampiero Corso

4 Avenue du Président Pierucci, 20250 Corte
Äußerlich eher unscheinbar, aber sehr freundliches Personal und nette Zimmer.
www.sampierocorso.com
GPS 42.18182, 9.09083

Hotel Le Golfe

La marine n.a, 20150 Porto
Traumhafte Lage direkt am Hafen von Porto, ansprechende Zimmer und Frühstück in der Sonne
www.hotel-le-golfe-porto.com
GPS 42.16039, 8.41382

KOMBINATIONSMÖGLICHKEITEN

Der Endpunkt der Tour – Corte – liegt sehr zentral mitten auf der Insel. Ab hier bieten sich zusätzlich noch unzählige weitere empfehlenswerte Abstecher an. Wir können uns Corte auch als Basislager für mehrere Tage gut vorstellen. Vielleicht einfach mal von hier aus einen Tag wandern gehen? Ein Gedicht! Die Touren 2, 7 und 9 schließen sich direkt von dort aus an. Ganz interessant ist auch die Umrundung des Sees Lac de Calacuccia am gleichnamigen Ort. Auf jeden Fall ein Picknick am See einplanen!

Küstenfahrer

Korsikas Ostküste gilt unter Motorradreisenden als eher uninteressant. Das stimmt, aber andererseits auch wieder nicht. Zwar ist der Osten landschaftlich meist nicht zu vergleichen mit dem wilden, zerklüfteten Westen, aber auch die Küstenstraße gegenüber des italienischen Festlandes hat ihren Reiz – und ihre Höhepunkte. Und schließlich ist ja auch noch der eine oder andere Abstecher unterwegs machbar.

Ganz im Süden Korsikas thront Bonifacio auf den Kalkfelsen.

TOUREN-STECKBRIEF

BASISORT
Bonifacio (41.389049, 9.165648)

STRECKENLÄNGE
ca. 260 km

DAUER DER TOUR
8 Stunden

ROADBOOK
Bonifacio, Porto-Vecchio, Col de Bavella, Solenzara, Prunete, Piedicroce, Ponte-Leccia, Bastia

HIGHLIGHTS
Der 1218 Meter hohe Col de Bavella fasziniert mit seinen gewaltigen Felswänden (41.47446, 9.13255).

Die wilde und einsame Bergstraße D71 von der Küste nach Ponte-Leccia ist ein Traum (42.22301, 9.22040).

Bonifacio mit seiner tollen Lage ist für uns eines der schönsten Städtchen Korsikas (41.23156, 9.09290).

Bergstrecke im Hinterland.

Bastia
Plage de Bastia
Port de Bastia
Phares la Citadelle
La Citadelle de Bastia
Plage de Lupino
Plage de la Marana
Réserve Naturelle de l'Etang de Biguglia
Plage de Pineto
Plage de M. Musso
Aéroport de Bastia-Poretta
St-Florent
Désert des Agriates
Oletta
Murato
Borgo
Vescovato
Morosaglia
Piedicroce
Cervione
Corte
Venaco
Vezzani
Vizzavona
Ghisoni
Bocognano
Bastelica
Zicavo
Aléria
Ghisonaccia
Solenzara
Plage de Solenzara
Parc Naturel Régional de la Corse
Levie
Porto-Vecchio
Bonifacio
Aérodrome de Figari-Sud-Corse
Réserve Naturelle de Îles Lavezzi
Îles Cerbicale
Zone de tir
FRANCE
ITALIA
MER
TYRRHÉNIENNE

de la Corse
Massif de Barocagio-Marghese
Forêt Domaniale de l'Ospedale
Bocca d'Illarata
991
Monte Rossu 1058
Punta d' Ortu
695
Musée de Conca
Conca
GR 20
Tarcu
N 198
Figa
Tagliu Rossu
Ste-Lucie de Porto-Vecchio
Plage de
Golfe de
Pinarellu
Nevatoli
Lecci
Porto-Vecchiaccio
Tour Île d
Étangs d'Arassu
Punta d'Arasu
Île San Ciprianu
Baie de San Ciprianu
San Ciprianu
Phare San Ciprianu
Plage Cala Rosa
Cala Rossa
Sorbollano
Castellu de Cucuruzzu
D 268
San-Gavino-di-Carbini
Pacciunituli
Carabona
Musée de Levie
Gualdaricciu
Mela
Levie
Carbini
Pantano
Orone
Punta di a Vacca Morta 1315
Agnarone
D 368
Cascade de Piscia di Gallo
Barrage de l'Ospedale
Pt. de Finaggia 1058
l'Ospedale
Tirolo
D 59
Castellu d'Araghju
N 198
Mégal. Monument
Ste-Trinité
Marina di Fiori
Golfe de Porto-Vecchio
Poretta
Porto-Vecchio
Phare di a Chiapp
Punta di a
Île de Farina
Île Pietricaggiosa
Punta Cerbicale
Île de Maestro Maria
Plage de Palombaggia
Capu d'Acciaju
Île Forana
Îles Cerb
Île di u Toro
de Cagna
Punta di Compolelli 1299
Pt. di u Corbu 1043
Rau d'Orgone
D 159
Muratellu
Borivoli
Pianelli
Arca
Site Préhistorique
Tagliu Rossu
Ceccia
Pascialello
Precoggio
Village de Vacances
Golfe de Santa Giulia
Étang de Santa Giulia
Sotta
Chapelle San Ghyuvanni Battista
D 859
Tarrabucceta
Cancaraccia
Chap. San Quilico
Petra Longa Salvini
Golfe de Porto Novo
Ogliastrello
Chera
Chap. Sant'Agostino
Plateau d'Arapa
335
Testa di a Carpiccia 137
Zone de tir
drome de Sud-Corse
Figari
St. Lucie
Suartone
Tour de Sponsaglia
Monte Biancu 317
Res. Natur. des Tre Padule de Suartone
Golfe di Rondinara
Punta di Rondinara
Barrage de Figari
Terrain de Manœuvre de Bonifacio
N 196
Étang de Balistra
Golfe di Santa-Manza
Punta di u Capicciolo
FRANCE
ITALIA
Chapelle Santa Reparata
N 198
Plages de Maora et de Santa Manza
Mont de la Trinité 219
Réserve
Rau de Candi
Gurgazu
Îles Gavetti
Bonifacio
St-Julien Ancien Couvent
Île Porraggia
la Madonetta
Plage de Calalonga
Port de Bonifacio
Phare de
Plage de Piantarella
Plage de Bonifacio

Nicht wenige Korsikafahrer lassen sich für die Westküste und das Inland der Insel viel Zeit, um dann nach einem Besuch in Korsikas südlichster Stadt ***Bonifacio*** zielstrebig die rund 175 Kilometer lange Strecke nach ***Bastia*** abzureißen. Dort wartet dann die Fähre in Richtung Heimat. Das kann man machen, es wäre aber schade. Unser Tipp: Die Strecke genießen, vielleicht sogar zwei Tage einplanen, bisweilen mal die Badehose rausholen und vor allem zwei reizvolle Abstecher in die Berge einplanen. Es lohnt sich.

Gerade einmal zwölf Kilometer trennen Korsika ganz im Süden von der zweitgrößten Insel im Mittelmeer, ***Sardinien***. Die Fähre hinüber auf die italienische Insel legt in Bonifacio ab, Korsikas südlichster Stadt. Für uns, und auch für viele Korsen, gilt die Hafenstadt als die schönste Stadt der Insel. Mit ihrer unglaublichen Lage hoch auf den weißen Kreidefelsen, dem beeindruckenden Naturhafen und der mittelalterlichen Altstadt weiß die Festungsstadt immer wieder aufs Neue zu begeistern.

Bonifacios Hafen ist Liegeplatz zahlreicher Yachten und Fischerboote.

Mit Blick auf die im Hafenbecken schaukelnden Boote sitzen Kiki und ich vor einem der netten Restaurants und lassen uns das Frühstück munden. Das eher spärliche französische Frühstück kommt uns gerade recht, wollen wir doch noch einen flotten Abstecher an das südlich gelegene ***Capo Pertusato*** machen, von dem man einen tollen Blick auf Bonifacio und dessen Bucht hat. Also brechen wir bald auf,

Von Bonifacio geht's ans Capo Pertusato und zur neugierigen Möve.

verlassen die Hafenstadt in südlicher Richtung. Gleich nach der Stadtgrenze erheben sich die Falaises aus dem Wasser, die steilen Klippen, auf deren Kamm die Straße in Richtung Cap zirkelt. Schnell entdecken wir einen der Aussichtspunkte oberhalb der Küste, stellen die BMW am Straßenrand ab und wagen uns bis an den Rand der Klippen. Und da liegt es vor uns, Bonifacio, abenteuerlich auf den senkrecht aus dem Wasser ragenden Kreidefelsen thronend, fast, als würde es über dem tiefblauen Mittelmeer schweben. Ein fantastischer Anblick.

Die Gendarmerie wartet

Wir kurven noch ein Stück weiter, werfen einen letzten Blick auf den Leuchtturm am Ende des Kaps, dann machen wir wieder kehrt und schlagen den Kurs Richtung Norden ein. Unser Ziel ist Bastia. Dort wartet morgen die Fähre auf uns, aber erst wollen wir noch Korsikas Ostküste genießen. Zügig bringt uns die *N198* nach *Porto-Vecchio*. Die gut ausgebaute, oft schnurgerade Landstraße verführt zu knackigem Tempo. Aber Vorsicht, das weiß auch die Gendarmerie und so ist gerade dieses Stückchen Straße durchaus gewinnträchtig für die korsischen Ordnungshüter. Und Frankreich ist in dieser Beziehung kein Schnäppchen.

Porto-Vecchio ist einen eigenen Besuch wert. Im drittgrößten Hafen Korsikas landen die Fähren aus Marseille und Sardinien an, historische Stadtbefestigungen und die alte Bastion laden zur Besichtigung und außerdem verfügt die Stadt über schöne Badestrände. Uns reizt allerdings eher das Hinterland. Parallel zur Küstenstraße N198 führt die *D368* über den Col de Punticella in Richtung Zonza. Die Strecke führt in kerniger Schlangenlinie durch den dichten *Forêt de l'Ospédale*, vorbei an einem Stausee und schließlich in das fast 800 Meter hoch liegende *Zonza*. Das kleine sympathische Bergdorf lohnt für einen Stopp im Café, wir sind aber neu-

Toll zum Relaxen: Cala Rossa am Golfe de Porto-Vecchio.

Die flache Ostküste geht schnell in steile Berge über (oben). Korsische Schweine lieben Vegetarier (rechts).

gierig auf die Fahrt zurück zur Küste. Schließlich geht es über den legendären *Col de Bavella*. Der 1218 Meter hoch gelegene Pass gilt ganz zu Recht als eine der landschaftlich reizvollsten Routen auf Korsika. Staunend kurven wir zu Füßen des mächtigen *Bavella-Massivs* durch unzählige Kehren und treffen auch unseren alten Bekannten, den *GR20* wieder. Während einem der zahlreichen Fotostopps nehmen wir uns fest vor, diesen faszinierenden Wanderweg irgendwann einmal per Pedes zu erkunden.

EXTRA-TIPP

Die **BADEGUMPEN** des türkis scheinenden Bergflusses Solenzara sind legendär. Die schönsten finden sich entlang der D268. Gestartet wird an der Küste am gleichnamigen Ort Solenzara. Bis zum Col de Larone gibt es einige Parkplätze, von denen es nur einige Schritte bis zu den tollsten Badeplätzen sind.

Lauschige Badeplätze

Über den *Col de Larone* und die *D268* arbeiten wir uns wieder ans Meer hinunter nach Solenzara. Dabei passieren wir ein paar der schönsten Binnen-Badestellen Korsikas. Kreisrunde Gumpen im Flüsschen *Solenzara* garantieren Badespaß, an den Ufern gibt es reichlich lauschige Bade- und Picknickplätze. Eine Badehose im Gepäck kann hier nie schaden. Zwar ist hier gerade in der Hauptsaison recht viel los, es findet sich aber doch hier und da noch ein menschenleeres Plätzchen. Wer nach dem Bad noch Zeit und Lust hat, sollte von Solenzara aus nochmal 20 Kilometer gen Süden fahren. Die Strecke zwischen Solenzara und dem *Bocca di a Parata*, einem gerade mal 27 Meter hohem Pass, ist eine bildschöne Küstenstraße – perfekt geeignet für entspannte Cruiser-Touren und relaxte Blicke auf's glitzernde Meer. Solenzara ist mit seinem gut ausgebauten Hafen immer gut für eine erholsame Pause. Eingerahmt wird das Städtchen von weiten, sandigen Badestränden. Hier lassen sich besonders viele und schöne Muscheln finden, die dieser Küste ihren Namen gaben: *Côte des Nacres*, Perlmuttküste.

Weiter geht es auf der N198 in Richtung Norden, vorbei an verschiedenen Étangs, den natürlichen Seen

und Surf- und Vogelparadiesen. Wer Sinn für Kultur und Geschichte mitbringt, ist bei *Aléria* richtig. Der sonst eher wenig spannende Ort glänzt mit einer großen Vergangenheit. In der Antike war Aléria die größte Stadt Korsikas. Kaum zu glauben, dass hier einmal über 20 000 Einwohner lebten. Das Leben der römischen und griechischen Siedler ist gut dokumentiert. Teile der antiken Stadt sind ausgegra-

Am Col de Bavella wächst der Fels förmlich in den Himmel.

ben worden und zu besichtigen. Noch längst nicht alles ist geborgen. Fast täglich finden Archäologen auch heute noch viele interessante Spuren aus der Vergangenheit.

Freundliches Bergdorf

Prunete, das kleine Küstendorf und unser nächstes Ziel ist so unscheinbar, dass wir es gleich einmal verpassen und erst ein paar Kilometer später in *Taverna* merken, dass wir schon längst hindurch sind. Kein Problem, schnell habe ich gewendet, und im zweiten Anlauf finde ich nicht nur Prunete, sondern damit auch die Abzweigung zur *D71*, die eigentlich unser Ziel war. Für uns ist die D71 eine der herausforderndsten Strecken auf Korsika. Die gut 70 Kilometer lange Landstraße führt von Prunete an der Küste bis nach *Ponte-Leccia*, ein freundliches Bergdorf am Zusammenfluss von *Asco* und *Golo*. Sind die ersten fünf Kilometer noch relativ harmlos, geht es gleich hinter *Cervione* mit dem Kurvenspaß so richtig los. Geraden sind Fehlanzeige, Kurve folgt auf Kurve, Kehre auf Kehre. Ich kippe die BMW von einer Schräglage in die andere, mehr als einmal kratzt die Raste eifrig auf dem Asphalt. Es geht hinauf auf fast 1000 Meter Höhe, wieder hinunter und wieder nach oben. Wie eine ausgeworfene Luftschlange mäandert die Straße durch die raue Berglandschaft, nur unterbrochen von einigen Weilern, Höfen oder Kapellen. Kurz gesagt: des Motorradfahrers Traum! Solches Fahrvergnügen macht hungrig. In Ponte-Leccia parken wir das Motorrad direkt an einem Café. Unsere obligatorische Orangina und zwei frisch zubereitete Baguettes mit frischem Salat, Tomaten, korsischem Käse und Schinken wechseln den Besitzer. Zum Abschluss gibt's noch einen kleinen, starken, schwarzen „café corsica". Solchermaßen gestärkt, neh-

An der Ostküste mangelt es nicht an einsamen Buchten.

Der Flohmarkt in Bastia ist immer gut für ein Schnäppchen.

men wir die *N193* in Angriff. Kein Vergleich mit dem Kurvenspektakel von vorhin, aber dennoch eine nette Strecke, die dem Bergfluss Golo durch die Berghänge folgt und schließlich kurz oberhalb des Flughafens von Bastia zur zweispurigen Schnellstraße wird. Ab hier sind es nur noch rund 20 Kilometer bis zur Hafenstadt.

Schnell haben wir online ein einladendes Hotel gefunden und quartieren uns für die letzte Nacht auf der Insel ein. Unsere Fähre geht erst morgen. Endlich finden wir auch mal Zeit, uns die reizvolle „Insel-Metropole“ einmal genauer anzuschauen. Nachdem wir unser Motorrad sicher in der Hotel-Garage abgestellt haben, machen wir uns auf in die Altstadt Bastias, erkunden den interessanten alten Hafen, werfen eine Blick auf die Zitadelle und lassen es uns schließlich unter den Palmen des zentralen Place Saint-Nicolas gutgehen. ◀

INFOS ZUR TOUR

CHARAKTERISTIK

Mit dem höchst spannenden Schlenker über den Col de Bavella und das Kanton Orezza-Alesani hält diese Route zwei echte fahrerische und landschaftliche Highlights bereit. Die Wege dieser Tour bieten von bestem, breiten Asphalt bis zur rumpeligen Bergstrecke Qualitäten jeglicher Coleur.

PÄSSE DER TOUR

Col de Punticella (74 m), Col de Bavella (1218 m), Col de Larone (608 m).

ÜBERNACHTUNG

Residence Fiori di Cala Rossa
Ogliastraccio, 20137 Lecci
Anlage mit gut ausgestatteten Apartments, Riesen-Pool, klasse Frühstück in der Sonne.
www.fioridicalarossa.fr
GPS 41.37487, 9.19593

Hotel Maquis et Mer
20145 Sari-Solenzara
Nettes Hotel mit sehr freundlichem Service, gutem Frühstück und sehr zentraler Lage fast direkt am Wasser.
www.hotelmaquisetmer.com
GPS 41.51227, 9.23591

KOMBINATIONSMÖGLICHKEITEN

Durch den Verlauf entlang der kompletten Ostküste bieten sich natürlich unendlich viele Abstecher an und die Tour kann auch locker über drei Tage gehen. Sie grenzt an die Touren 1, 5, 8 und 9. Wer von kleinen Bergstrecken einfach nicht genug bekommen kann, kurvt durch die Region Orezza-Alesani nördlich der beschriebenen D71 nach Ponte-Leccia. Ein paar ganz nette Offroad-Strecken gibt's im Hinterland bei Conca auch noch zu entdecken.

Festungsstadt Bonifacio

Auf über 70 Meter hohen, schneeweißen Kalkfelsen thront Bonifacio über dem Meer. Die tolle Hafenstadt ist eine einzige Sehenswürdigkeit.

Gerade mal zwölf Kilometer liegen, ganz im Süden Korsikas, zwischen der französischen Insel und dem italienischen Sardinien. Die Straße von Bonifacio trennt die beiden Inseln. Ihren Namen hat die Meerenge von der südlichsten Stadt Korsikas, die im wesentlichen aus zwei Teilen besteht: Aus der befestigten Oberstadt, der Ville haute, und dem Bereich rund um den Hafen.

Bonifacios Marina ist auch am Abend gut besucht.

SEHENSWERTES Es war im Jahr 833, als der toskanische Markgraf Bonifacio an der strategisch günstigen Südküste Korsikas eine erste Siedlung gründete. Diese musste sich mit ihrem wichtigen und gut geschützten Hafen regelmäßig gegen Angriffe erwehren. So entstand im Lauf der Jahre die mächtige Stadtfestung hoch oben auf den Kalkfelsen. Von zahlreichen Punkten der mittelalterlichen Oberstadt bietet sich ein fantastisches Panorama hinaus auf die Meerenge und die umliegende Landschaft sowie die Hafenanlage.

VILLE HAUTE Die historische Altstadt ist von einer mächtigen Festungsmauer umgeben. Dazwischen liegen schattige Plätze mit netten Cafés, enge Gassen mit urigen Läden, in denen es sich

gut stöbern lässt und geniale Aussichtspunkte. Eine ganze Reihe netter Restaurants bieten Spezialitäten aus der mediterranen Küche. Hier gibt es übrigens nicht nur leckeres, erfrischendes Eis, sondern auch die Spezialität Bonifacios: „Pain de Morts". Das „Brot der Toten" ist ein süßes, mit Rosinen und Nüssen gebackenes Brot – einfach köstlich!

BONIFACIOS MARINA Rund um den gut geschützten Hafen lässt es sich nicht nur perfekt flanieren, sondern auch gut speisen. Sehr interessant sind die Bootsausflüge zu den umliegenden Inseln und Grotten, die sich hier buchen lassen. Besonders beeindruckend ist Bonifacios „Skyline" vom Wasser aus.

Dezenter Tipp: Bei starkem Wind ist das nichts für schwache Gemüter.

DIE TREPPE DES KÖNIGS VON ARAGON Sportlich geht es auf der Treppe des Königs von Aragon zu. 187 Stufen führen von der Oberstadt durch die weißen Klippen hinunter in die Tiefe bis ans Meer. Wer den Weg hinunter und wieder hinauf geschafft hat, weiß die Höhe der Klippen doppelt zu würdigen.

INFORMATIONEN Das gut ausgeschilderte Tourismusbüro am Porte de France in der Oberstadt informiert bestens und hält Stadtplan und vieles mehr bereit. Im Internet gibt's jede Menge Infos unter www.bonifacio.fr.

In der Oberstadt lässt es sich prima bummeln.

Ganz **unten**

Diese abwechslungsreiche Tour durch den Süden Korsikas ist eine Tour der Kontraste. Schnelle Streckenabschnitte wechseln sich mit spektakulären Bergstrecken ab, weite Sandstrände mit schroffen Felsküsten und abgeschiedene Bergdörfer mit Fähr- und Fischerhäfen. Hier gibt es von jedem etwas und dazu eine große Portion Fahrspaß. Apropos Fährhafen: Ein Besuch in Korsikas schönster Stadt gehört im Süden natürlich auch dazu.

Unterwegs am Col de Bacino.

TOUREN-STECKBRIEF

BASISORT

Sartène (41.621598, 8.972466)

STRECKENLÄNGE

ca. 220 km

DAUER DER TOUR

7 Stunden

ROADBOOK

Sartène, Propriano, Col de St. Eustache, Aullène, Levie, Porto-Vecchio, Bonifacio, Sartène

HIGHLIGHTS

Die gut befahrbare Offroad-Strecke vor dem Col de St. Eustache ist Spaß und Natur pur (41.46258, 9.01188). Bonifacio mit seiner tollen Lage ist für uns eines der schönsten Städtchen Korsikas (41.23156, 9.09290).

Einsame Landschaften, kurvige Bergstraßen, urige Dörfchen – rund um Levie gibt's viel zu entdecken (41.42153, 9.07276).

Schneeweiße Kalkklippen.

Parc Naturel Régional de la Corse
Propriano
Sartène
Porto-Vecchio
Bonifacio
Solenzara
Levie
Zicavo
Santa Teresa Gallura
Bouches de Bonifacio
Bocche di Bonifacio
Réserve Naturelle de Îles Lavezzi
Montagne de Cagna
Îles Cerbicale
Golfe di Santa-Manza
Parco Nazionale dell' Arcipelago della Maddalena
Ísola Maddalena
FRANCE
ITALIA

Die korsischste aller korsischen Städte, so nannte der französische Schriftsteller Prosper Mérimée 1840 in seinen „Notizen über eine Reise nach Korsika" den Bergort *Sartène*. Wir können es nachvollziehen. Gestern abend waren wir hier angekommen, haben uns ganz in der Nähe des zentralen Place de la Libération einquartiert und Sartènes Altstadt erkundet. Wir schlenderten durch deren schmale Gassen, stiegen steile Treppen auf und ab und staunten immer wieder über die urigen Gemäuer und die grandiose Lage der Hauptstadt des Sartenais– eine tolle Stadt!

Sartène, die korsischste aller korsischen Städte.

Dem Gipfel entgegen

Heute morgen stürzen wir uns mit dem Motorrad von Sartène hinab in Richtung Meer. Zügig führt uns die ***N196*** nach ***Propriano***. Direkt an der Stadtgrenze liegt der ***Col de***

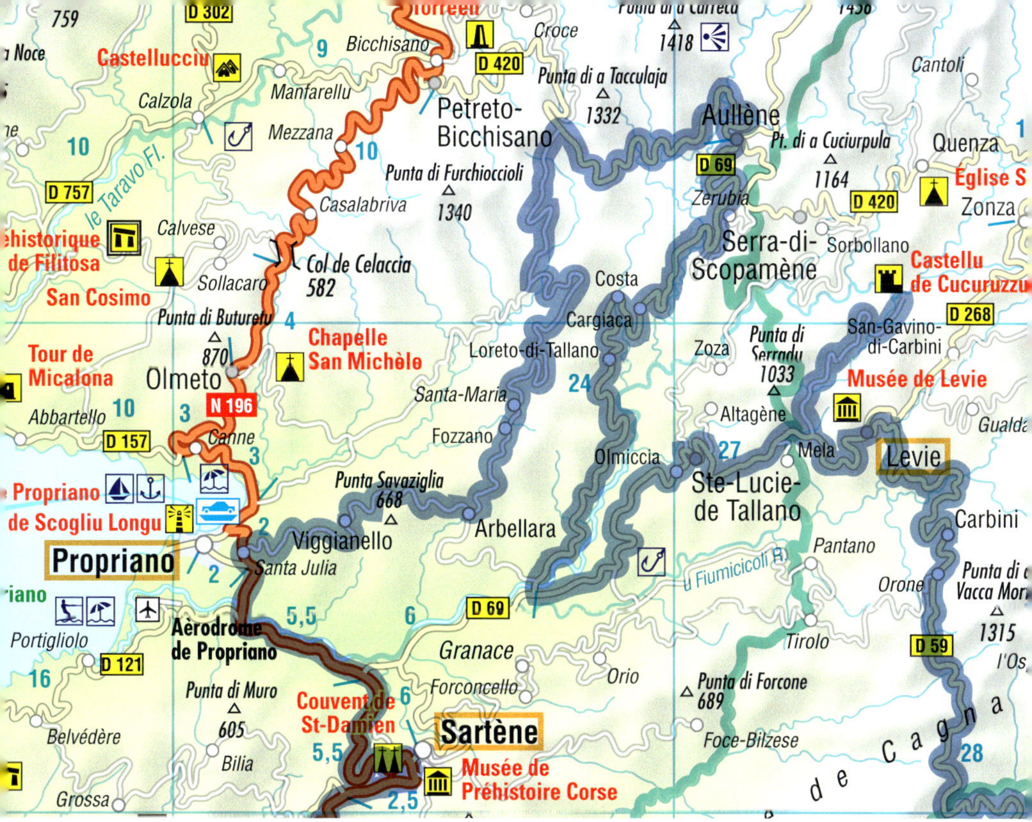

Santa-Giulia. Col klingt gut, ist hier aber nicht wirklich angebracht, gerade einmal 80 Meter Höhe weist unser GPS aus. Macht aber nichts, im Sinn haben wir für heute ja schließlich ganz andere Cols und andere Höhen. *D19* heißt die Straße, die uns gleich hinter dem Mini-Col vorbei an den Thermalquellen von *Baracci* in die Berge führt. Die ersten Kehren des Tages genießend, wedeln wir mit dem Motorrad den Gipfeln entgegen. Am *Col de Siu* ist schlagartig Schluss damit. Ein paar Warntafeln und mehrere Gitter versperren die Straße. „Route fermée!", lesen wir und irgendetwas mit „chantier". Ganz schlecht, das bedeutet Baustelle und damit nichts Gutes.

Wir überlegen kurz, peilen dann aber die schmale Lücke zwischen Gitter und Buschwerk an und quetschen uns an der Sperre vorbei. Heute ist Samstag und mit ein bisschen Glück wird nicht gearbeitet und es passt schon. Aber wir haben uns zu früh gefreut. Schon viele Meter vor der Baustelle sehen wir, dass dort Hochbetrieb herrscht. Die Böschung unterhalb der Straße ist wohl irgendwann abgerutscht und mit einem mächtigen Bagger versuchen die Arbeiter, die andere Seite der Straße zu verbreitern. Ich will gerade aufgeben und wenden, da sehe ich, dass der Baggerfahrer mir ein Zeichen gibt. Mit quietschenden Ketten fährt er sein gelbes Monster

Offroad-Spaß vor dem Col de St. Eustache

ein Stück auf die Seite und macht uns den schmalen Durchlass frei. Dankbar winke ich zurück, da haben wir jetzt wirklich etliche Kilometer Umweg gespart. Ob uns das in Deutschland auch so ergangen wäre? Vermutlich nicht! In Frankreich habe ich ähnliche Erfahrungen schon mehrmals machen dürfen.

Schöner Schotter

Ein paar Schlenker noch, dann zweigt rechts die *D557* ab. Eigentlich steht das „D" in französischen Straßennamen für Route départementale, also eine Verbindungsstraße zwischen diversen Departements. Von Verbindungsstraße kann auf den kommenden Kilometern allerdings keine Rede sein. Schönster Schotter bedeckt die Straße, von Asphalt ist weit und breit nichts zu sehen. Uns soll es recht sein. Mit einer mächtigen Staubwolke hinter uns düsen wir weiter und genießen den Offroad-Spaß. Machbar wäre die Strecke aber auch mit jedem Straßenmotorrad. Ein bisschen Erfahrung sollte allerdings vorhanden sein, zumindest in den teilweise doch recht engen Kehren.

Am *Col de St. Eustache* stoßen wir wieder auf eine feste Fahrbahndecke und gleich neben dem Pass steht ein kleiner, einladender Kiosk. Ich lasse

und guter Asphalt begleitet uns auf den nächsten Kilometern. Wir passieren Aullène, kurven die *D69* entlang und biegen schließlich wieder auf die *D268* ab. Kleine Weiler liegen weit verstreut in der bergigen Landschaft, dicke Kastanien säumen die Straße und nicht weit von *Sainte-Lucie-de-Tallano* steht eine Rotte Schweine auf der Straße. Es ist nicht die erste, der wir auf korsischen Straßen begegnen.

Weit über 30 000 wild lebende Hausschweine sollen es sein, die durch die korsische Macchia und durch die Wälder streifen, ständig auf der Suche nach Essbarem und vor allem nach den leckeren korsischen Kastanien. Die vielen Kräuter und würzigen Pflanzen,

Grüner wird's nicht: Wald bei Levie.

das Motorrad daneben ausrollen und wir klopfen uns erstmal den Staub von den Klamotten; eine eiskalte Orangina ölt die trockene Kehle. Kurviger

die die Borstenviecher dabei vertilgen, geben dem Schweinefleisch einen ganz besonderen Geschmack. Denn eines ist klar, auch wenn die halbwilden Schweine scheinbar frei herumstreifen, irgendwann enden sie doch fast alle auf einem Teller. Und Vorsicht, so putzig die kleinen Frischlinge auch sind, mich hat so ein kleines, lustiges Schweinchen durch den dicken Handschuh in den Finger gebissen. Das war nicht lustig, zumindest nicht für mich. Ihre zum Teil dunkle Farbe haben die Schweine übrigens durch ihr lasterhaftes Liebesleben. Gerne kreuzen sich die korsischen Hausschweine mit echten Wildschweinen.

Von ***Sainte-Lucie-de-Tallano*** aus ist es nicht weit zur ***Sites de Cucuruzzu et Capula***. Abzweigend von der Straße nach ***Levie*** führt eine Sackgasse zu den interessanten Ausgrabungsstätten. Hier finden sich viele Spuren der Torreaner, einem rätselhaften Volksstamm, von dem bis heute wenig bekannt ist. Hier fanden sich noch diverse Werkzeuge und Instrumente. Am beeindruckendsten ist aber sicher der noch gut vorhandene Rundbau aus Granitfelsen und Steinen, der vermutlich aus der Zeit etwa um 1500 vor unserer Zeitrechnung stammt. Ausgestellt sind viele der Fundstücke im Museum von Levie. Das ist auch

Es tourt sich prima mit guten Freunden.

Musée de Levie
Levie
Ste-Lucie-de Tallano
Zoza
Altagène
Mela
Carbini
Carabona
Gualdaricciu
Bocca d'Illarata
991
Monte Rossu 1058
Forêt Domaniale de l'
Tagliu Rossu
Ste-Lucie de P
Lecci
Nevatoli
Porto-Vecchiaccio
D 368
Cascade de Piscia di Gallo
Barrage de l'Ospedale
Pantano
Orone
Punta di a Vacca Morta 1315
Agnarone
Pt. de Finaggia 1058
l'Ospedale
D 59
Tirolo
Castellu d'Araghju
N 198
Étangs d'Arassu
San Ciprianu
Punta di Forcone 689
Foce-Bilzese
Mégal. Monument
Ste-Trinité
Cala Rossa
Baie de San Cip
Phare
Plage
Marina di Fiori
Golfe de Porto-Vecchio
Poretta
Punta di Compolelli 1299
Pt. di u Corbu 1043
D 159
Porto-Vecchio
Muratellu
Punta d' Ovace 1340
Rau d'Orgone
Borivoli
Pianelli
Arca
Site Préhistorique
Tagliu Rossu
Ceccia
Pascialello
Île de Farl
Punta Cerbic
Monte Biancu 914
Sotta
Precoggio
Plage de Palom
Capu d'Acciaju
Village de Vacances
Île Forana
Chapelle San Ghyuvanni Battista
D 859
San Gavino
Tarrabucceta
Cancaraccia
Golfe de Santa Giulia
Étang de Santa Giulia
Poggiale
Chap. San Quilico
Petra Longa Salvini
Îles
Ogliastrello
Chera
Golfe de Porto Novo
Aérodrome de Figari-Sud-Corse
Chap. Sant'Agostino
Plateau d'Arapa 335
Testa di a Carpiccia 137
Zone de t
Figari
St. Lucie
Suartone
Tour de Sponsaglia
Baie de Figari
Monte Biancu 317
Barrage de Figari
Res. Natur. des Tre Padule de Suartone
Golfe di Rondinara
Punta di Rondinara
N 196
Terrain de Manœuvre de Bonifacio
Étang de Balistra
Punta di Ventilegne
Golfe de Ventilegne
Golfe di Santa-Manza
N 198
Punta di u Capicciolo
Chapelle Santa Reparata
Plage de Tonnara
Mont de la Trinité 219
Plages de Maora et de Santa Manza
Anc. Ermitage de la Trinité
Rau de Candi
Réserve
Îles Gavetti
Bonifacio
Gurgazu
Capo di Feno
la Madonetta
St-Julien Ancien Couvent
Île Porraggia
Plage de Calalonga
Phare Capo di Feno
Plage de Bonifacio
Port de Bonifacio
Phare de Pertusato
Plage de Piantarella
Île San Bainsu
Grotte Île St-Antoine
Île Piana
Îles Sperduto
Pointe de Sperono
Archipel des Lavezzi
Capo Pertusato

EXTRA-TIPP

In **BONIFACIO** lassen sich direkt am Hafen interessante Bootsfahrten zu den vorgelagerten Inseln und zu den Grotten Bonifacios buchen - ein sehr beeindruckendes Erlebnis, dass die außergewöhnliche Lage Bonifacios auf den überhängenden Kalkfelsen erlebbar macht. Bei Sturm nichts für schwache Nerven.

unser Ziel, aber nicht des Museums wegen, sondern um uns mit einem kräftigen Kaffee für die Weiterfahrt zu stärken.

Levie entlässt uns in Richtung Süden auf die *D59*. Wie sollte es anders sein, auch diese Straße schwingt sich in unzähligen Kehren und noch mehr Kurven über die Flanken und Gipfel des *Alta Rocca-Gebirges*. Es geht über den *Col de Mela*, den *Col de Bacinu* und schließlich bis hinunter ans Meer nach *Porto-Vecchio*. Der quirlige Küsten-, Hafen- und Badeort am Ende des Golfe de Porto-Vecchio ist uns auf Anhieb sympathisch. Gut geschützt durch eine vorgelagerte, über 300 Meter hohe Halbinsel ist Porto-Vecchio ein beliebter Urlaubsort. Auch wir bekommen spontan Lust auf's Strandleben, entscheiden uns dann aber doch für die Fahrt nach *Bonifacio*. Die südlichste Stadt Korsikas ist und bleibt einfach unser Favorit und wie viele Korsen halten wir Bonifacio für die schönste Stadt der Insel.

Ins Gewirr der Gassen

So weit wie es geht fahren wir hoch in die Oberstadt Bonifacios. Was mit dem Auto sicher keine gute Idee wäre, ist mit dem Motorrad kein Problem. Irgendwo findet sich dort immer ein

In Bonifacios Hafen lassen sich spannende Bootsausflüge buchen.

Punta di Buturetu
870
Olmeto
Chapelle San Michèle
N 196
Canne
Cargiaca
Loreto-di-Tallano
Santa-Maria
Fozzano
Olmiccia
24
Zoza
Punta di Serradu
1033
Altagène
San-Gavino-di-Carbini
Musée de Levie
Carabona
Gualdaricciu
991
Mela
27
Levie
Ste-Lucie-de Tallano
Carbini
D 368
Punta Savaziglia
668
Arbellara
Viggianello
Santa Julia
Pantano
u Fiumicicoli R.
Orone
Punta di a Vacca Morta
1315
Agnarone
l'Ospedale
Tirolo
D 59
D 69
Aèrodrome de Propriano
Granace
Forconcello
Urio
Punta di Forcone
689
Foce-Bilzese
Punta di Muro
605
Bilia
Couvent de St-Damien
Sartène
Musée de Préhistoire Corse
Montagne de Cagna
28
Monte Grosso
625
Ortolo
l' Ortolo
Punta di Compolelli
1299
Pt. di u Corbu
1043
Église de San Giovanni
Giuncheto
Rau d'Orgone
Punta d' Ovace
1340
Borivoli
D 48
15
N 196
Punta di Patania
321
13,5
Giannuccio
Monte Biancu
914
Rau de Navara
Mégalithes de Cauria
Rau de la Cloccin
Chapelle San Ghyuvanni Battista
D 859
San Gavino
Tarrabucceta
Cancaraccia
Punta di u Grecu
266
Serragia
Monacia-d'Aullène
Poggiale
Chap. San Qu
Punta di Valanincu
429
Roccapina
Ogliastrello
Chera
Roccapina
Pianotolli-Caldarello
Aérodrome de Figari-Sud-Corse
Chap. Sant'Agostino
Figari
St. Lucie
u di Roccapina
Cala di Roccapina
Tour d'Olmeto
Punta di Caniscione
Anse d' Arbitru
Tour de Caldarello
Baie de Figari
Monte Biancu
317
Barrage de Figari
Terrain de Manœuvre de Bonifacio
Îles Bruzzi
Anse de Chevanu
Punta di Capineru
N 196
Punta di Ventilegne
Golfe de Ventilegne
8,5
N 198
Chapelle Santa Reparata
Plage de Tonnara
Mont de la Trinité
219
Rau de Candi
Anc. Ermitage de la Trinité
Bonifacio
la Madonetta
Capo di Feno
Phare Capo di Feno
Plage de Bonifacio
Grotte Île St-Antoine

Am Capo Pertusato sind es noch zwölf Kilometer Luftlinie bis Sardinien.

Schuberth

AUTOREN-TIPP

In Bonifacio lassen sich direkt am Hafen interessante Bootsfahrten zu den vorgelagerten Inseln und zu den **GROTTEN** buchen – ein sehr beeindruckendes Erlebnis, dass die außergewöhnliche Lage Bonifaccios auf den überhängenden Kalkfelsen erlebbar macht. Bei Sturm ist dieser Ausflug allerdings nichts für schwache Nerven.

Parkplatz für das Mopped. Dann tauchen wir ein in das Gewirr der kleinen Gässchen der Altstadt, schlendern über die Plätze und entlang der aussichtsreichen Wege oberhalb der Kreidefelsen, auf denen die alte Stadt über dem Meer zu schweben scheint. Schreiende Möwen kreisen durch den strahlend blauen Himmel und reißen sich um die Eiswaffel, die ich hoch in die Luft werfe. Hunger? Kein Problem in Bonifacio. Unzählige Restaurants, Bars und Läden bieten Kleinigkeiten oder korsische Gerichte, Crêpes oder Eis, Baguettes oder Backwerk. Entlang des alten Hafenbeckens des Naturhafens verlassen wir Bonifacio wieder mit dem festen Vorsatz, hier mindestens noch mal einen ganzen Tag zu verbringen. Wir folgen der N196, die mal näher und mal etwas weiter weg der Südwest-Küste folgt. Am *Cap de Roccapina* weisen Hinweisschilder auf die spannenden Ausgrabungsstätten und Megalithen hin, die hier überall zu finden sind. Diese Ecke Korsikas ist ein Traum für Archäologen und Geschichts-Interessierte.

Gerade noch auf Meereshöhe windet sich die Straße ab hier wieder hinauf in die Berge. Wie zum Endspurt heißt es auf den letzten 20 Kilometern nochmal Schräglagen sammeln, bevor wir schließlich wieder den Ortseingang von Sartène passieren, wo wir heute morgen zu dieser abwechslungsreichen Runde aufbrachen. ◀

Bonifacio bei Nacht.

INFOS ZUR TOUR

CHARAKTERISTIK

Schnelle, gut ausgebaute Nationalstraßen wechseln sich mit kaum befahrenen Insider-Strecken ab und im Norden der Route geht's über unbefestigte Wege hinauf auf den Col de St. Eustache. Der Offroad-Teil funktioniert mit jedem Motorrad.

PÄSSE DER TOUR

Col de Santa-Giulia (80 m), Col de Siu (731 m), Col de St. Eustache (995 m), Col de Mela (738 m), Col de Bacinu (809 m).

ÜBERNACHTUNG

Bed and Breakfast I Casilari
Favalella, 20140 Serra-di-Ferro
Das Gästehaus ist unser Favorit in Korsika! Tolle Atmosphäre, super Service, geniales Frühstück. Alles ist liebevoll gestaltet, einfach perfekt
www.i-casilari.serra-di-ferro.hotels-corsica.net
GPS 41.43394, 8.49429

Residence Fiori di Cala Rossa
Ogliastraccio, 20137 Lecci
Größere Anlage mit gut ausgestatteten Apartments, Riesen-Pool, klasse Frühstück in der Sonne
www.fioridicalarossa.fr
GPS 41.37487, 9.19593

KOMBINATIONSMÖGLICHKEITEN

Diese Tour schließt direkt an Tour 4 an. Interessante Abstecher an den Pointe de Campomoro südwestlich von Propriano oder an die Megalithen und Traumstrände am Cap de Roccapina lohnen sich auf jeden Fall. Dort wartet auch der Löwe von Roccapina, eine faszinierende Felsformation. Sehr lohnenswert ist auch ein Besuch des Castellu di Cucuruzzu, einer megalithische Kultstätte. In dieser Region warten auch noch viele Kilometer Bergsträßchen. Im Süden der Tour lassen sich der Golf de St. Manza und die tollen Strände gegenüber der Insel Ille Cavallo erkunden.

Die Hauptstadt und ihr Hinterland

Nicht nur Korsikas Hauptstadt Ajaccio ist eine Reise wert, auch das bergige Hinterland bietet spannende Strecken, tolle Landschaften und mächtig Fahrspaß. Außerdem führt die aussichtsreiche Route entlang der Küste des Golfe d'Ajaccio und über einige richtig schöne Bergpässe. Hier gehört die Badehose ebenso ins Gepäck wie der gut gefüllte Picknickkorb – eine Tour für Genießer.

Weit fällt der Blick von hier oben über den Golf von Ajaccio.

TOUREN-STECKBRIEF

BASISORT
Ajaccio (41.927016, 8.739227)

STRECKENLÄNGE
ca. 170 km

DAUER DER TOUR
6 Stunden

ROADBOOK
Ajaccio, Col de Carazzi, Tavera, Bastelica, D302, Col de Bellevalle, Cognocoli, D155, Porticcio, Ajaccio

HIGHLIGHTS
Die kurvenreichen Strecken rund um den Col de Cricheto machen unglaublich Spaß (41.58128, 9.00243).

Das Gleiche gilt uneingeschränkt für den südlich davon liegenden Col de Bellevalle (41.51147, 8.51169).

Der Strand direkt an der D157 bei Olmeto-Plage ist unsere Empfehlung für ein abendliches Picknick beim Sonnenuntergang (41.42223, 8.49555).

Bergstrecke bei Bastelica.

Korsikas Hauptstadt *Ajaccio* ist nicht nur das ideale Basislager für diese Tour, es bietet auch reichlich Stoff für ein, zwei herrliche Tage Sightseeing. Die Liste der Sehenswürdigkeiten ist lang und wenn man im Touristenbüro am Boulevard

du Roi Jérôme vorbei schaut, wird man mit Vorschlägen, Ideen, Broschüren und Karten förmlich erschlagen. Gestern waren wir den ganzen Tag zu Fuß in dieser schönen Hafenstadt unterwegs, erkundeten die mächtige Zitadelle und die beeindruckende Chapelle Impériale, das monumentale Palais Fesch mit dem größten Kunstmuseum Korsikas und all die vielen, unzähligen Läden und Geschäfte, die in urigen Gassen und lebhaften Straßen in der ganzen Stadt verteilt liegen. Und natürlich durften zwei ganz wichtige Stationen nicht fehlen. Ajaccio ist die Geburtsstadt Napoleons, also haben die Bewohner ihrem Kaiser ein gewaltiges Denkmal gebaut. Das thront am Place d'Austerlitz auf einer Art Pyramide, auf deren Aufgang die Stationen im Leben Napoleons eingraviert sind.

In Ajaccio gibt es leckere lokale Spezialitäten und verwinkelte Gässchen.

Das ausgerechnet Waterloo, die größte Niederlage Napoleon Bonapartes dabei fehlt, nehmen wir schmunzelnd zur Kenntnis. Und natürlich haben wir den sauberen und einladenden Strand Ajaccios genossen. Direkt unterhalb der Zitadelle gibt es einen schönen Strandabschnitt, ideal für eine erholsame Pause mit Sonne, Sand und Meer.

Der Pass ruft

Heute steht Ajaccios Hinterland auf dem Plan, und schon früh am Morgen lassen wir die Stadtgrenze der Inselhauptstadt hinter uns. Auf der breit ausgebauten *N193* verlassen wir Ajaccio vorbei am größten Flughafen Korsikas und nach wenigen Kilometern passieren wir auch schon den ersten Pass. Der *Col de Carazzi* ist zwar nur 204 Meter hoch, aber ab hier wird die Strecke landschaftlich schöner und die Berg-

Pause für's Panorama an der Bucht von Ajaccio.

AUTOREN-TIPP

Mitten im Zentrum von Ajaccio findet jeden Tag bis 12.30 Uhr ein sehr interessanter **MARKT** mit lokalen Produkten statt. Hier lassen sich die perfekten Zutaten für ein traumhaftes Picknick am Strand oder in den Bergen finden: Köstliche Salate und frisches Obst, würziger Käse und schmackhafte Würstchen und Oliven, Brot, köstliche Kuchen und vieles mehr.

gipfel rechterhand der Straße erreichen schon stattliche 1600 Meter und mehr. Bei *Tavera*, das vor allem durch seinen geheimnisvollen Menhir, der vermutlich aus der Jungsteinzeit stammt, bekannt ist, setze ich den Blinker und biege rechts auf die *D27* ab.

Die Straße zwängt sich durch das kleine Dorf, das zwar keine 400 Einwohner, aber immerhin einen eigenen Bahnhof hat. Hier führt die Bahnstrecke von Ajaccio nach *Bastia* hindurch. Bahnfahren ist auf Korsika ein echtes Abenteuer. Die Streckenführung ist unglaublich abwechslungsreich, es geht über schmale Brücken, durch enge Täler, kilometerlange Tunnel und einige Kehrtunnel mit engen 180 Grad-Kehren. Wer Zeit und Muße hat, sollte sich unbedingt einmal darauf einlassen und einen Ausflugstag auf den Schienen planen. Übrigens haben

die Korsen für ihren Zug einige ebenso passende wie witzige Bezeichnungen, mit denen sie den Zustand der Strecke thematisieren. So heißt der Zug in Anlehnung an den Hochgeschwindigkeitszug TGV auf dem Festland hier „Train à Grande Vibration“ oder einfach nur „U Trinighellu“, was soviel wie „Der Zitternde“ bedeutet.

Schwein gehabt

Östlich von Tavera kreuzen wir durch dichte Eichenwälder. Ebenso wie die Kastanien wissen korsische Schweine die Eicheln zu schätzen. Entsprechend dreist treiben sie sich auf und gleich neben der Straße herum und mehr als einmal passieren wir die borstigen Viecher im Zentimeter-Abstand. Über den 1193 Meter hohen *Col de Scalella* erreichen wir das Bergdorf *Bastelica*, das vor allem durch seine uralte Genueser-Brücke, die Pont de Zippitoli, bekannt ist. Der *Col de Menta* führt uns anschließend zur Kreuzung mit der schmalen, verwinkelten *D3*. Hier

Gibt es viel auf Korsika: Kleine Weiler und halbwilde Schweine.

Es geht rund auf der D27 südlich von Bastelica.

PS.
H 23
TOMTOM

heißt es, sich zu entscheiden. Wer auf Kurvenspaß und Tempo steht, bleibt auf der D27. Zur Belohnung folgen der *Col de Cricheto*, der *Col de Marcuccio* und der *Bocca St'Alberto*. Dazwischen liegen unzählige Kurven und Kehren. Wer eher auf Entdeckungsreise gehen möchte und weniger guten und rumpeligen Asphalt nicht scheut, der rollt über die D3, die westlich der *Gorges du Prunelli* an einem spektakulären Aussichtspunkt vorbei führt und den Blick auf den im Tal liegenden Stausee freigibt. Wir entscheiden uns für letzteres.

Pures Kurvenparadies

Wie auch immer, spätestens bei *Cauro* treffen beide Touren-Varianten wieder zusammen und über die *N196* geht es wieder in Richtung Ajaccio. Aber Vorsicht: Acht Kilometer hinter Cauro auf

keinen Fall den Abzweig nach links auf die *D302* verpassen. Sonst findet man sich ruckzuck am Flughafen von Ajaccio wieder und verpasst das pure Kurvenparadies. Ab hier zirkelt sich die schmale D302 nämlich wieder hinauf in Richtung des *Col de Bellevalle* und windet sich wieder durch bergige Eichen- und Kastanienwälder. Über 30 Kilometer Kurve an Kurve, unterbrochen nur durch heimelige Bergdörfer und herrliche Aussichtspunkte.

Einsames Bergland zwischen Ajaccio und Propriano (oben) und immer wieder Tiere am Wegesrand.

Man kann sich einfach nicht sattsehen am Golf von Ajaccio.

Es geht bergab. Langsam, aber sicher erreichen wir vorbei am Menhir von *Cognocoli* das Tal des Flüsschens *Taravo* und damit die *D757*. Für einen Abstecher zu den durchaus sehenswerten Ausgrabungen bei *Filitosa* müsste man hier die schmale *Pont de Calzola* überqueren.

Uns zieht es aber ans Meer und nach wenigen Minuten erreichen wir die fantastische Küste des *Golfe de Valinco* bei *Porto Pollo*. Hätten wir einen Badeurlaub im Sinn, wir könnten uns durchaus vorstellen, den hier zu verbringen. Die Sandstrände der Bucht sind sauber und einladend und kilometerlang. Bis hinüber nach *Propriano* zieht sich das goldgelbe Band an der Küste. Lange Strandabschnitte wechseln sich mit kleinen, versteckten Badebuchten ab und wer bereit ist, ein paar Meter zu Fuß zu gehen, findet selbst in der Hauptsaison das eine oder andere kaum besuchte Stückchen Sandstrand.

Picknick am Strand

Mit dem Motorrad finden wir kurz vor Porto Pollo einen kleinen Weg durch das Delta des Taravo und rollen fast bis

an den Strand. Jetzt macht es sich bezahlt, dass wir heute morgen in weiser Voraussicht in Ajaccio leckere Zutaten für ein gelungenes Picknick einkauften.

Für uns gibt es nichts schöneres, als unterwegs mit frischem Baguette, ein paar regionalen Delikatessen wie Käse oder Wurst und etwas Obst zu rasten, das Umfeld auf sich wirken zu lassen, die Aussicht zu genießen oder einfach den vorbeiziehenden Wolken am blauen Himmel hinterherzuschauen. Das ist Erholung pur. Den abschließenden, typisch korsischen, schwarzen und starken Kaffee gönnen wir uns in der malerischen Kulisse von Porto-Pollo. Weiter folgen wir der Küste auf der ***D155*** in Richtung Westen und wieder sind gerade Streckenabschnitte Fehlanzeige. Kurve an Kurve reiht sich hintereinander und ab und zu fällt unser Blick durch die Bäume hindurch auf das glitzernde Wasser des Golfe de Valinco. Kurz hinter ***Acqua Doria*** kurven wir kurz für zwei, drei Kilometer die steil ansteigende ***D55a*** hinauf. Hier gibt es mehrere Aussichtspunkte, von denen man einen beeindruckenden Blick auf die ganze Region

Schattige Bars zum Relaxen locken an der Küstenstraße.

und den *Golfe d'Ajaccio* hat. Zurück auf der Küstenstraße steuern wir den *Plage de Portigliolo* an und werfen noch einen Blick auf den gut erhaltenen, alten Genueserturm auf der kleinen Halbinsel bei *La Castagna*. Und gleich noch eine Halbinsel macht uns neugierig: Die etwas nördlicher gelegene *Isolella*. Es gibt eine interessante Rundstrecke um die Halbinsel, auf der sich tolle Felsformationen direkt am Wasser und natürlich der obligatorische Genueserturm entdecken lassen.

Kopf einziehen!

Einen letzten, außergewöhnlichen Blick auf Ajaccio und dessen Golf bietet uns *Porticcio*. Hier beginnen dann auch wieder die einladenden Sandstrände, die sich bis Ajaccio hinziehen. Gleich am Anfang des ersten Strandes, am langen Steg, liegt das offizielle Touristenbüro von Porticcio. Das freundliche Personal hilft gerne mit aktuellen Veranstaltungstipps und prima Ideen zu vielen Aktivitäten in der Region. Ganz witzig ist es übrigens, nur wenige hundert Meter weiter am Strand direkt am Rand des Flughafens die startenden und landenden Flugzeuge zu beobachten. Je nach Windrichtung donnern die großen Jets nur wenige Meter über den Köpfen der Neugierigen hinweg.

Noch ein paar schnelle Kilometer um den Flughafen herum, dann finden wir uns in Ajaccios Zentrum wieder, wo wir für heute unsere Rundtour wieder beenden. Morgen geht's weiter, Ideen haben wir reichlich. ◀

INFOS ZUR TOUR

CHARAKTERISTIK

Abgesehen von einem schnellen Abschnitt auf der N193 glänzt diese Tour durch ein unglaubliches Kurvenspektakel auf wilden Achterbahnstrecken. Über zum Teil recht anspruchsvolle Kehren und Schleifen wurstelt sich der Asphalt durch einsame Berglandschaften, entlang tiefer Schluchten und über grandiose Pässe.

PÄSSE DER TOUR

Col de Carazzi (204 m), Col de Scalella (1193 m), Col de Menta (756 m), Col de Cricheto (725 m), Col de Marcuccio (670 m), Bocca St'Alberto (536 m), Col de Bellevalle (552 m)

ÜBERNACHTUNG

Hotel Restaurant Cala di Sole
36 Route des Sanguinaires, 20000 Ajaccio
Freundliches Haus mit Meerblick und schöner Anlage, im April 2017 komplett renoviert.
www.caladisole.fr
GPS 41.54220, 8.40115

Hôtel U Paradisu
Blv. Marie-Jeanne Bozzi / D55, 20166 Porticcio
Nettes Haus in toller Lage direkt am Wasser, mit Restaurant, großer Terrasse und Balkone.
www.uparadisu.com
GPS 41.888767, 8.799402

KOMBINATIONSMÖGLICHKEITEN

Tour 6 lässt sich einfach mit den Touren 5, 7 und 8 kombinieren. Mitten in der Rundtour liegt der Col de Gradello im Forêt de Chiavari als interessanter Abstecher, auf der D55 liegen einige schöne Aussichtspunkte. In der nördlichen Schleife der Tour liegt die Schlucht Gorges du Prunelli mit dem Stausee Lac de Tolla.

SHOEI

Region für **Entdecker**

Der Golf von Sagone beginnt im Norden am Capo Rosso bei Porto und endet im Süden mit dem Capo di Feno unweit der korsischen Hauptstadt Ajaccio. An seiner Küste, aber auch in seinem Hinterland, warten geniale Strecken auf erlebnishungrige Motorradfahrer. Hier gibt es alles: schnelle Etappen für's sportliche Fahren, verwinkelte Bergstraßen für Entdecker und staubige Offroad-Pisten für Enduristen.

Wir bremsen auch für Schweine: Touristenattraktion am Straßenrand.

TOUREN-STECKBRIEF

BASISORT
Porto (42.268230, 8.693961)

STRECKENLÄNGE
ca. 210 km

DAUER DER TOUR
8 Stunden

ROADBOOK
Porto, Spelunca-Schlucht, Vico, D4, Tavaco, Cannelle, Ajaccio, Cargese, Porto

HIGHLIGHTS
Les Calanche – bizarre, rotleuchtende Felsen, Schluchten und unglaubliche Panoramen (42.15166, 8.39482).

Die Spelunca-Schlucht mit der in den Fels geschlagenen Straße ist extrem spannend (42.14294, 8.46424).

Die D4 zwischen Vico und Tavaco ist richtig spannend und am Ende schwindelt's vor lauter Kurven (42.04446, 8.54388).

Die Küste des Golfs ist Boots- und Motorrad-Paradies zugleich.

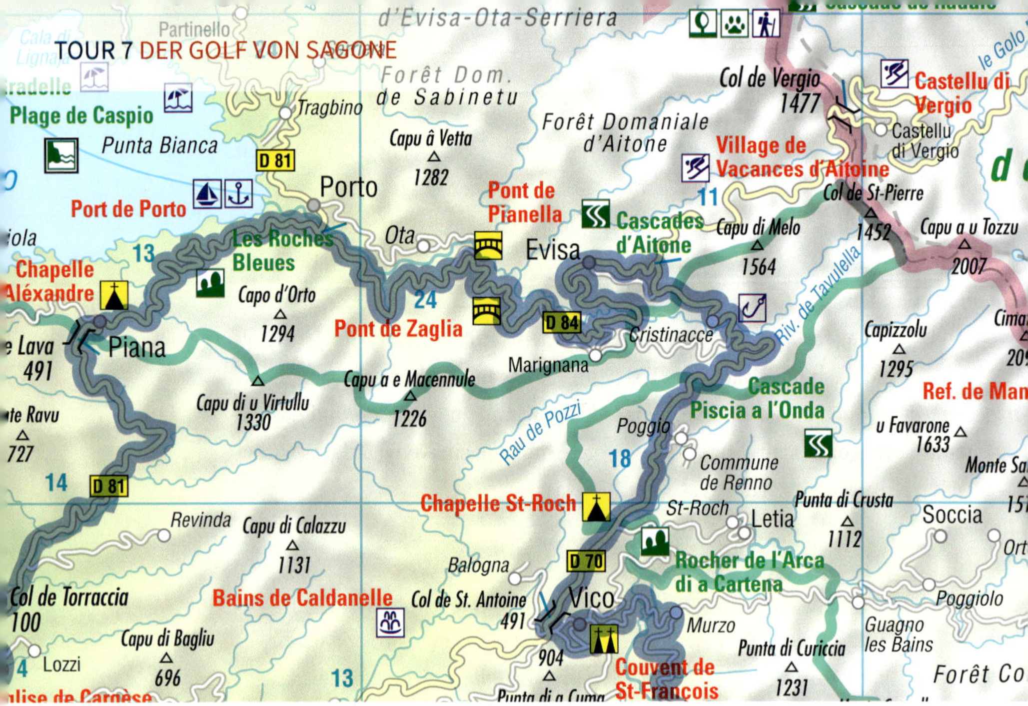

Porto ist die perfekte Pole-Position für den Start dieser abwechslungsreichen Runde. Rund um Porto liegen einige der schönsten Highlights Korsikas und egal, in welcher Richtung man die Stadt verlässt, alle Strecken sind ein Traum.

Kann man auch essen: Kakteen am Wegesrand.

Die beste Sozia der Welt und ich verlassen Porto in östlicher Richtung und finden uns nur wenige Minuten später in der schier unglaublichen *Spelunca-Schlucht* wieder. Die gilt als eine der reizvollsten Schluchten der Insel, und die Wanderung entlang des rauschenden Bergflusses Porto – zwischen mächtigen Felswänden hindurch – hinterlässt garantiert tiefe Eindrücke. Das gilt natürlich auch für die Fahrt mit dem Motorrad zwischen dem rotgrauem Fels und der weißen, wirbelnden Gischt des Porto. In wildem Zickzack führt die Straße in einer abenteuerlichen Führung durch das Labyrinth und beim Versuch, den einen oder anderen über 1200 Meter hohen Gipfel rechts und links der Straße zu erkennen, verrenken wir uns schon ziemlich die Köpfe. Gut 20 Kilometer lang heißt es auch gut aufpassen, denn nicht immer ist der Gegenverkehr erkennbar und bisweilen taucht ganz plötzlich hinter einer Kehre ein Bus auf.

Bei *Evisa* lässt das Kurven-Wirrwarr langsam etwas nach. Für uns das Zeichen, bald nach rechts auf die D70 abzubiegen. Auch die ist eine Meisterleistung der korsischen Straßenbauer und scheint wie geschaffen extra für Motorradfahrer. Von einer Schräglage in die andere, arbeiten wir uns bis zum 1100 Meter hohen *Col de Sevi* hinauf und werden dort mit einem tollen Blick auf das umliegende, dicht bewaldete Bergland belohnt. Welch eine Landschaft! Steil geht es hinter dem Col wieder in die Tiefe. Vorbei an der Kapelle St. Roch erreichen wir bald *Vico*. Das Bergdorf wirkt so einladend, wir können gar nicht anders, als es uns auf dem mittelalterlichen Dorfplatz im Café gemütlich zu machen, einen Cappuccino zu genießen und das urige Ambiente ein wenig auf uns wirken zu lassen.

Eine gute Wahl

Würden wir der *D70* weiter folgen, wären wir bald wieder an der Küste, würden bei *Sagone* mitten im gleichnami-

In Portos Hafen lassen sich tolle Boots-Ausflüge buchen.

gen *Golfe de Sagone* stranden. Aber natürlich ist unser Bedarf an den herrlichen Bergstrecken noch lange nicht gedeckt. Also orientiere ich mich an den kleinen, kaum erkennbaren Schildern, die den Abzweig zur *D4* anzeigen. Eine gute Wahl! Nicht nur, dass es gleich wieder zackig bergauf geht und das natürlich mit reichlich Kurven. Hinter dem Weiler ***Muna*** endet sogar der Asphalt und für die nächsten fünf Kilometer rollen wir über eine festgefahrene Schotterpiste. Die sollte auch für große Reisedampfer kein Problem sein; ein wenig Erfahrung vorausgesetzt. Bei ***Rosazia*** holt uns der Asphalt wieder ein und die nächsten Kilometer gehen dann etwas zügiger zur Sache.

Zügig? Sagte ich wirklich zügig? Okay, aber nur ganz kurz. Denn die letzten 20 Kilometer, bevor die D4 auf die gut ausgebaute *N193* stößt, gibt sie nochmal alles. Zwischen 400 und 1000 Metern Höhe reiht sich eine Kehre an die andere, es geht bergauf,

Im Hinterland des Golfs von Sagone wechseln sich einsame Bergstrecken und urige Bergdörfer ab.

Für diese Aussichten hält man schon mal gerne am Wegesrand.

bergab, rechts ums Eck, links ums Eck. Zudem haben wir den Eindruck, ganz allein auf der Welt zu sein. Gerade mal ein einziges Auto kommt uns auf dem ganzen Stück entgegen. Es ist der Postbote. Ich philosophiere im Hinterkopf über die Rentabilität der Briefzustellung in dieser Region. Sie ist mit Sicherheit ein einziges Verlustgeschäft.

In die Bergwelt

Als wir die N193 erreichen, sind es keine 30 Kilometer mehr bis *Ajaccio*, der Hauptstadt Korsikas – würden wir auf der gut ausgebauten Nationalstraße bleiben. Tun wir aber nicht. Am *Col de Carazzi* biegen wir erneut in die Bergwelt ab und schlagen einen großen Bogen in nördlicher Richtung über den *Bocca di Sarcoggio* und den *Col de S. Bastiano*. Zur Belohnung präsentiert sich uns erneut eine Bergstrecke

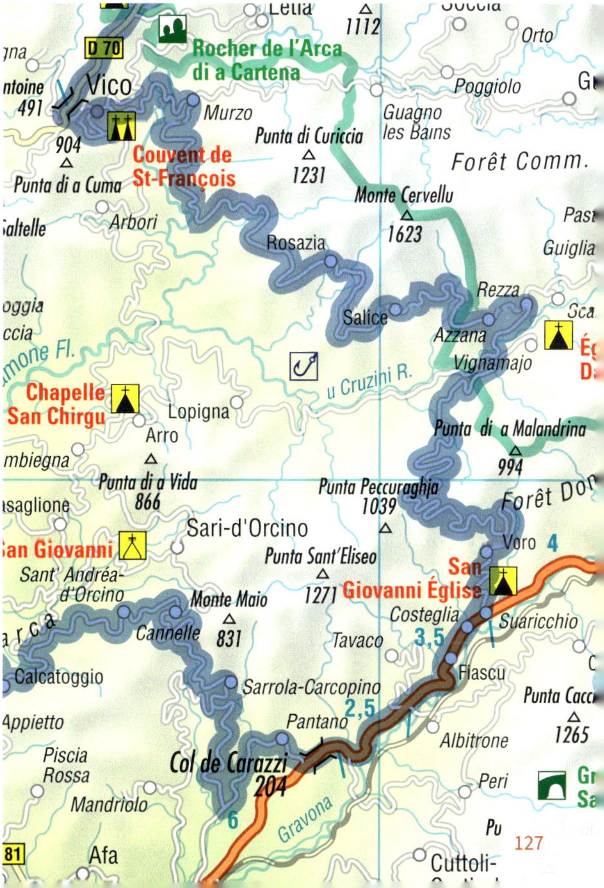

Der Golf von Liscia ist ein echtes Badeparadies.

vom Feinsten und über den *Bocca di Pruno* erreichen wir dann doch noch Ajaccio. Das passt, schließlich haben wir heute mal kein Picknick an Bord. Der Plan war, in einer der gemütlichen Bars rund um Ajaccios Hafen zu tafeln. Kein Problem, die Auswahl ist groß und Platz ist auch da. Da steht einem der leckeren fangfrischen Fischgerichte nichts mehr im Wege.

Altstadt und Zitadelle

Wir verzichten schweren Herzens auf das großzügig vorhandene Nachtisch-Angebot. Ich bin der festen Überzeugung, sonst später vom Motorrad fallen zu müssen. Statt dessen lassen wir erstmal die BMW am Hafen stehen und gönnen uns einen kleinen Verdauungsspaziergang durch die historische Altstadt. Vorbei an der Zitadelle, wo es übrigens einen herrlichen Badestrand gibt, bummeln wir durch die kleinen Gassen und laufen uns ein paar der

Die Halbinsel von Ajaccio protzt mit fantastischen Felsküsten.

Pausenplätze gibt's reichlich entlang der Küste (rechts).

eben reichlich eingenommenen Kalorien wieder ab. Irgendwann geht es dann aber doch wieder zum Motorrad zurück, schließlich haben wir ja noch den einen oder anderen Programmpunkt für heute.

Piraten und Malaria

Bis kurz hinter den Col de S. Bastiano kehren wir auf der gleichen Strecke zurück, die uns auch nach Ajaccio führte, halten uns dann aber links in Richtung Küste. Hier führt die *D81* uns fast direkt ans Wasser und hält einen tollen Blick in den Golf von Sagone bereit. Einsame Felsbuchten wechseln sich mit fantastische Sandstrände ab, die bis Sagone immer länger und breiter werden. Sagone, heute ein belebter und beliebter Badeort, war einst sogar Bischofssitz. Die lang anhaltenden Piratenangriffe über das Mittelmeer und vor allem die Malaria trieben die Geistlichkeit aber bald ins Hinterland. Es fällt uns heute schwer zu glauben, dass sogar noch bis in die 1950er Jahre einige Landstriche Korsikas der Malaria wegen kaum bewohnbar waren. Es waren die Amerikaner, die nach dem Krieg großflächig Mittel gegen die Anopheles-Mücken versprühten. Gleichzeitig wurden große Sumpfgebiete tro-

Die Halbinsel von Ajaccio endet an den Felsformationen Les Calanche.

ckengelegt. Erst seit den 1970er Jahren galt Korsika endgültig als malariafrei. Heute macht sich darüber niemand mehr Gedanken.

Rote Felsen

Mit dem Blick auf einen weiteren Genueserturm entlässt uns Sagone in Richtung Norden. 13 herrliche Kilometer Küstenstraße schlängeln sich oberhalb der Klippen bis *Cargese*. Das heimelige Bergdorf liegt auf einer kleinen Landzunge, unterhalb der alten Gemäuer der Oberstadt streckt sich die lange Mole des Sport- und Fischerhafens weit ins Meer. Ein prima Platz für eine kleine Pause unter den schattenspendenden Markisen der Hafenrestaurants. Wir lassen uns Zeit, schließlich wollen wir auf dem Rückweg nach Porto zum richtigen Zeitpunkt in der *Calanche* sein. Diesem fantastischen Küstenabschnitt mit seinen roten Felsen, die im roten Licht des Sonnenuntergangs so unglaublich aufglühen.

Hinter Cargese wendet sich die D81 vom Meer ab. Hinauf auf den 433 Me-

AUTOREN-TIPP

Ein Abend an der grandiosen Küste der Calanche ist garantiert unvergesslich. Es gibt mitten in den Felsen lauschige Plätze, an denen sich der **SONNENUNTERGANG** beobachten lässt. Dabei werden die bizarren, orangeroten Felsen von der untergehenden Sonne regelrecht zum Glühen gebracht – der perfekte Platz für ein uriges Abendessen in Picknick-Form.

ter hohen *Bocca di San Martino* geht es durch eine grandiose, bergige Landschaft, in der sich Wald und blanker Fels abwechseln, dann erreichen wir Piana. Hier beginnt die nur elf Kilometer lange, aber unglaublich schöne Küstenstraße der Calanche. Die Felslandschaft aus rötlich schimmerndem Granit mit ihren skurrilen Felsen oberhalb des Meeres hat ihre ganz eigene Magie. Nicht umsonst wurde die Calanche schon vor über 30 Jahren von der UNESCO als Weltnaturerbe unter Schutz gestellt. Ich parke unser Motorrad an einem der Aussichtspunkte und wir klettern durch die abstrakten Felsformationen. Noch eine ganze Zeit bleiben wir hier, genießen den Sonnenuntergang, das tolle Licht und die surreale Stimmung.

Als es schon dunkel ist, erreichen wir Porto. Die kleine Bucht der Hafenstadt liegt erleuchtet durch zahlreiche Laternen unter dem Sternenhimmel. Auf dem mächtigen, vorgelagerten Felsen thront der ebenfalls angestrahlte Genueserturm, ein toller Anblick. Das Rauschen der Wellen macht die Idylle perfekt, besser kann man einen Tag einfach nicht ausklingen lassen. ◄

Entlang der Route wechseln sich Fels- und Sandküsten ab.

INFOS ZUR TOUR

CHARAKTERISTIK

Auf dieser Tour 7 wiederholen sich nochmal die Calanche und die Spelunca-Schlucht von Tour 3. Das macht aber gar nichts – im Gegenteil! Dann geht es über kaum bekannte, einsame und nicht enden wollende Bergstrecken gen Süden bis Ajaccio und entlang fantastischer Küstenstraßen mit tollen Ausblicken zurück nach Porto. Gerade die Bergstraßen erfordern ein wenig Erfahrung und Umsicht, belohnen aber mit mächtigem Fahrspaß.

PÄSSE DER TOUR

Col de Sevi (1100 m), Col de Carazzi (204 m), Bocca di Sarcoggio (612 m), Col de S. Bastiano (411 m), Bocca di Pruno (203 m).

ÜBERNACHTUNG

Hotel Les Lentisques
Route du Péro, 20130 Cargese
Sehr gepflegtes, sympathisches Haus mit Pool und schöner Anlage.
www.leslentisques.com
GPS 42.08453, 8.35461

Hotel Le Golfe
La marine n.a, 20150 Porto
Traumhafte Lage direkt am Hafen von Porto, ansprechende Zimmer und Frühstück in der Sonne.
www.hotel-le-golfe-porto.com
GPS 42.16039, 8.41382

KOMBINATIONSMÖGLICHKEITEN

Im Zentrum dieser Tour liegen noch interessante Routen wie die D181 oder die extrem kurvenreiche Bergstrecke D1. Auch weiter ins Landesinnere locken wenig bekannte Ecken Korsikas mit urigen Nebenstraßen.Nördlich der Tour lohnt ein Besuch des höchsten Passes der Insel, des Col de Vergio.

Mare e **Monti**

Mare e Monti – so heißt der berühmte korsische Weitwanderweg von Calenzana nach Cargese. Meer und Berge lautet die Übersetzung, und auch wenn der Verlauf dieses Wanderweges nicht mit der hier vorgestellten Route übereinstimmt, so haben beide Strecken doch eines sehr gemeinsam: Den stetigen Wechsel zwischen unten und oben, zwischen Erde und Himmel, zwischen Meer und Bergen eben.

Im Hinterland von Aléria locken herrliche Bergstrecken.

TOUREN-STECKBRIEF

BASISORT
Aléria (42.116537, 9.513301)

STRECKENLÄNGE
ca. 185 km

DAUER DER TOUR
7 Stunden

ROADBOOK
Aléria, Vezzani, Ghisoni, Zicavo, Olivese, Campo, Cozzano, Ghisoni, Ghisonaccia, Aléria

HIGHLIGHTS
Die tollkühn gebaute Bergstraße beim Défilé de l'Inzecca ist ein Gedicht (42.05462, 9.17483).

Ebenfalls spektakuläre Straßenbaukunst ist die D26 nach Olivese (41.50055, 9.05150).

Der Abstecher unterhalb des Monte Renoso auf der D169A eröffnet fantastische Panoramen (42.04476, 9.09121).

Erfrischung bei Aléria.

Corte
Aérodrome de Corte
Erbajolo
Venaco
Vezzani
Vizzavona
Ghisoni
Bocognano
Bastelica
Aléria
Musée de Aléria
Fort de Matra
Plage d Aléria
Ghisonaccia
Prunelli-di-Fiumorbo
Aérodrome de Ghisonaccia-Alzitone
Zicavo
Parc Naturel
Régional
de la Corse
Solenzara
Plage de Solenzara
Aérodrome de Solenzara
Col de Bavella
Monte Incudine
Ref. d'Asinao
Aullène
Serra-di-Scopamène
Levie
Musée de Levie
Ste-Lucie-de Tallano
Sartène
Musée de Préhistoire Corse
Porto-Vecchio
Cala Rossa
Plage Cala Rosa
Phare San Ciprianu
Plage de Pinarellu
Tour Île de Pinarellu
Cascade de Piscia di Gallo
Musée de Conca
Plage de la Figa
Tour di Fautea
Plage de Favone
Plage de Cala d'Oru
Chapelle de St-Sébastian
Plage de Quercioni
Château de Coasina
Étang de Diane
Étang d'Urbino
Étang del Sale
Plaine Orientale
Forêt Domaniale de Vizzavona
Plateau d'Ese
Col de Vizzavona
Col de Verde
Col de Sorba
Monte Renoso
Monte d'Oro
Gorges de la Restonica
Gorges du Manganellu
Santa Maria-Siché
Petreto-Bicchisano
Tour d'Alistro
Phare d'Alistro
Plage de Sumaltu
Plage d'Alistro
Tour de Bravone
Tour de Diane
Montagne de Cagna
HAUTE-CORSE
CORSE-DU-SUD

Es ist nicht unbedingt das fahrerische Highlight für Motorradfahrer auf Korsika, die Region rund um *Aléria*. Aber dennoch hat das Fleckchen – etwa mittig an der Ostküste gelegen – seinen Reiz. Unendliche, erholsame Sandstrände, ewig lange Wanderwege entlang der Küste, nette Campingplätze und Unterkünfte und man ist in Minutenschnelle mit dem Motorrad auf einsamen Bergstrecken, die weit hinauf ins korsische Gebirge führen. Mit anderen Worten, die ideale Location für Urlauber, die das Motorradfahren mit dem Strandurlaub verbinden wollen.

Leckere Lagen

Nachdem Kiki und ich gestern einen erholsamen Strandtag einlegten, schwingen wir uns heute wieder auf's Motorrad. Entlang des Flüsschens Tavignano, das bei Aléria in einer landschaftlich sehr schönen Gegend ins Meer mündet, folgen wir der ***D43*** ins Landesinnere. Tausende Rebstöcke wachsen rechts und links der Strecke, richtig gute Lagen gibt es rund um Aléria und schnell sind wir uns einig, heute Abend mal einen davon zu kosten. Es geht immer höher hinauf und bald lassen wir die Weinanbauflächen hinter uns.

Steil geht es bergauf und als wir den Turm von ***Antisanti*** erreichen, sind wir schon fast 700 Meter über dem Meer. Friedlich liegt das Bergdorf in der Sonne. Kaum zu glauben, dass hier vor gut 250 Jahren Rebellen und Genueser gnadenlos miteinander fochten, viele Tote zurückblieben und der ganze Ort in Brand gesteckt wurde.

Schattiger Kontrast zur sonnigen Küste.

Bald haben wir den *Col de Perelli* erreicht und werden mit einem fantastischen Blick hinaus auf die Ostküste belohnt. Bei *Vezzani* schlagen wir einen großen Bogen und halten uns wieder südlich. *Défilé de l'Inzecca* steht auf dem Hinweisschild, dem ich prompt folge und nach gut 15 Kilometern erreichen wir die spektakuläre Schlucht des Flusses *Fium Orbo*. Der hat hier ganze Arbeit geleistet und tiefe Spalten und Täler in das Gebirge geschliffen, an dessen Flanken sich die enge Straße in abenteuerlicher Weise entlanghangelt. Felsvorsprünge ragen über den Asphalt, enge Kehren erfordern die ganze Aufmerksamkeit und immer wieder lenken mich die fantastischen Ausblicke von der Fahrbahn ab. Die gleich anschließenden *Défilé des Strette* sind zwar nicht ganz so spektakulär, die Landschaft beruhigt sich etwas, sie fasziniert uns aber immer noch.

Kurvenreigen ohne Ende

Bald haben wir *Ghisoni* erreicht. Etwas verschlafen wirkt das Bergdorf, die Bar im Ortskern wirkt verwaist und nur zwei ältere Herren sitzen dort und trinken ihren Kaffee. Wahrscheinlich ist auch hier, wie in vielen ländlichen Bereichen Korsikas, die Landflucht vor allem der jungen Menschen ein großes Problem. Gerade die gehen heute häufig aufs Festland, verlassen schweren Herzens ihre Insel, um auf dem französischen Festland Arbeit zu finden.

Das Bergdorf Ghisoni entlässt uns auf die *D69*. Sie ist eine der Straßen Korsikas, die wohl am längsten im

Im Naturpark geht's quer durch Felsen.

Gedächtnis des Motorrad-Reisenden bleibt. In einem nicht enden wollenden Kurvenreigen zieht sie sich zentral durch das Rückgrat der Insel. Dabei ist der Straßenbelag von richtig guter Qualität. Mit anderen Worten: Hier

wird uns Fahrspaß allererster Güte geboten. Nur kurz unterbrochen von einem Abstecher zu den herrlichen Aussichtspunkten nördlich des weit über 2000 Meter hohen ***Monte Renoso***, lege ich hier einen Zahn zu und lasse unsere BMW von Kurve zu Kurve fliegen. Das Vertrauen in den Asphalt wächst und mit einem breiten Grinsen unter dem Helm fliegen wir über die geniale Straße immer weiter gen Süden.

Ab *Zicavo* heißt es aufpassen. Nach genau 13 Kilometern öffnet sich auf der rechten Seite eine kleine, unscheinbare Abzweigung, die im Überschwang der Begeisterung schnell übersehen wird. Das wäre schade, denn der kurze Stre-

AUTOREN-TIPP

Auch wenn dies kein Wanderführer ist – einen traumhaften Wanderweg müssen wir dennoch empfehlen: den von der Bergerie de Capannelle hinauf auf den 2352 Meter hohen **MONTE RENOSO**. Der gilt als der am leichtesten zu bezwingende Zweitausender Korsikas. Sein Gipfel präsentiert eine unglaubliche Rundumsicht, die Landschaft ist einfach fantastisch!

ckenabschnitt bis zum hübschen Bergdorf Olivese ist eine echte Schönheit. Auf der Michelin-Karte ist er rot markiert, also als „Parcours difficile ou dangereux“ ausgewiesen, als „schwierige oder gefährliche Strecke“. Wir würden es eher als anspruchsvoll bezeichnen, aber wer hier mit dem Auto oder gar mit einem Wohnmobil unterwegs ist, sieht die Sache sicher anders. Wir genießen die engen Kurven, die spannende Straßenführung und vor allem mal wieder den tollen Blick auf die fantastische Berglandschaft und ihre Dörfer am Ende der Straße kurz vor *Olivese*.

Stärkung tut Not

Ich muss zugeben, die vielen schnellen Schräglagen, der sportliche Einsatz und die anspruchsvolle Streckenführung der letzten Kilometer, der man nur mit einer großen Portion Aufmerksamkeit und Konzentration be-

Landschaften und Kurven für Genießer.

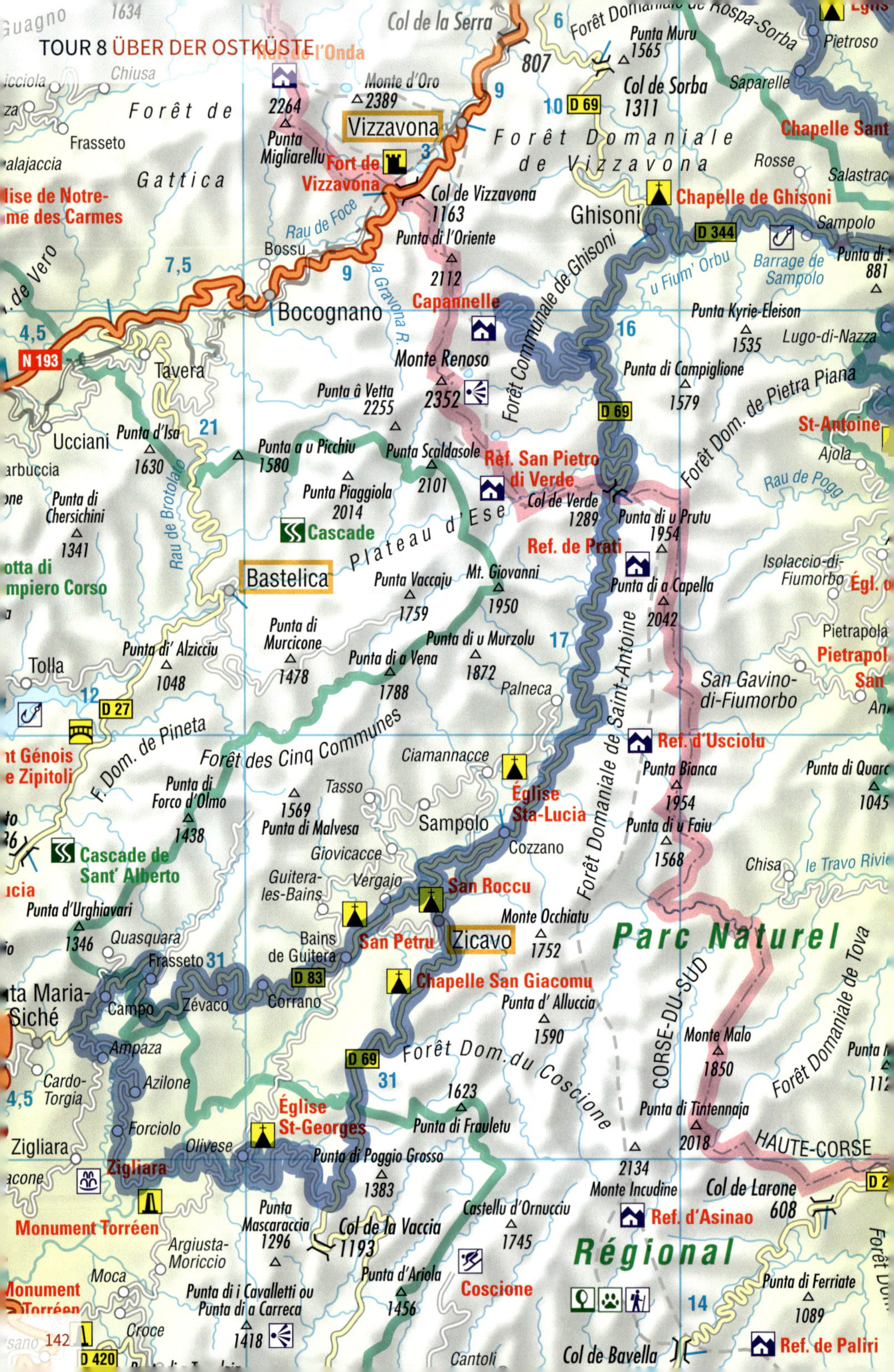
Col de la Serra
807
Forêt Domaniale de Rospa-Sorba
Punta Muru 1565
Col de Sorba 1311
D 69
Pietroso
Saparelle
Chapelle Sant
Monte d'Oro 2389
Vizzavona
Punta Migliarellu
2264
Fort de Vizzavona
Forêt Domaniale de Vizzavona
Col de Vizzavona 1163
Forêt de Gattica
Frasseto
Chiusa
Rosse
Salastraco
Chapelle de Ghisoni
Ghisoni
D 344
Sampolo
Barrage de Sampolo
u Fium' Orbu
Punta di l'Oriente 2112
Rau de Foce
Bossu
Bocognano
La Gravona R.
Capannelle
Forêt Communale de Ghisoni
Punta Kyrie-Eleison 1535
Lugo-di-Nazza
N 193
Tavera
Ucciani
Monte Renoso 2352
Punta â Vetta 2255
Punta di Campiglione 1579
Forêt Dom. de Pietra Piana
St-Antoine
Ajola
Punta d'Isa 1630
Punta a u Picchiu 1580
Punta Scaldasole 2101
Ref. San Pietro di Verde
Punta Piaggiola 2014
Col de Verde 1289
Punta di u Prutu 1954
Rau de Pogg
Punta di Chersichini 1341
Rau de Brotolato
Cascade
Plateau d'Ese
Ref. de Prati
Isolaccio-di-Fiumorbo
Bastelica
Punta Vaccaju 1759
Mt. Giovanni 1950
Punta di a Capella 2042
Pietrapola
Punta di Murcicone 1478
Punta di' Alzicciu 1048
Punta di a Vena 1788
Punta di u Murzolu 1872
Tolla
D 27
Palneca
San Gavino-di-Fiumorbo
F. Dom. de Pineta
Forêt des Cinq Communes
Forêt Domaniale de Saint-Antoine
Ref. d'Usciolu
Ciamannacce
Punta Bianca 1954
Punta di Forco d'Olmo 1438
Tasso
1569
Punta di Malvesa
Église Sta-Lucia
Sampolo
Cozzano
Punta di u Faiu 1568
Cascade de Sant' Alberto
Giovicacce
Guitera-les-Bains
Vergajo
San Roccu
Chisa
Le Travo
Punta d'Urghiavari 1346
Quasquara
Bains de Guitera
San Petru
Zicavo
Monte Occhiatu 1752
Parc Naturel
Frasseto
Campo
Zévaco
Corrano
D 83
Chapelle San Giacomu
Punta d' Alluccia 1590
CORSE-DU-SUD
Forêt Domaniale de Tova
Ampaza
Cardo-Torgia
Azilone
Forciolo
D 69
Forêt Dom. du Coscione
Monte Malo 1850
1623
Punta di Frauletu
Église St-Georges
Punta di Tintennaja 2018
Zigliara
Olivese
Punta di Poggio Grosso 1383
2134
Monte Incudine
HAUTE-CORSE
Col de Larone 608
Monument Torréen
Punta Mascaraccia 1296
Col de la Vaccia 1193
Castellu d'Ornucciu 1745
Ref. d'Asinao
Argiusta-Moriccio
Régional
Moca
Punta d'Ariola 1456
Coscione
Punta di i Cavalletti ou Punta di a Carreca 1418
Punta di Ferriate 1089
Croce
Col de Bavella
Ref. de Paliri
Cantoli
D 420

Der korsische Maurenkopf: Stoff für reichlich Legenden.

gegnen sollte, haben nicht nur mächtig Spaß gemacht, sie waren auch anstrengend. Umso mehr genießen wir unsere Mittagspause in Santa-Maria-Siché, dem Hauptort des gleichnamigen Kantons. Unter einem schattigen Blätterdach sitzen wir draußen, erfrischen uns mit einer eiskalten Orangina und genießen einen leckeren, frisch zubereiteten Salat.

Rentner-Treff

Die örtlichen Rentner machen sich derweil über unsere BMW her, diskutieren lautstark über Sinn und Zweck der einzelnen Zubehörteile. Leider sind unsere Französischkenntnisse nicht so gefestigt, dass wir den korsischen Slang der älteren Herren so wirklich verstehen. Macht aber nichts, ihre Gestik und Mimik gibt deutlich zu verstehen, dass wir hier sehr wohlgesonnen sind und unser Motorrad ankommt. Bekanntlich gibt es Motorradrouten, die man locker in beide Richtungen befahren kann, ohne dass es langweilig wird. Im Gegenteil, in anderer Richtung befahren, tun sich völlig neue Eindrücke auf. Die D69 gehört mit Sicherheit dazu. Via Campo und Corrano kehren wir wieder auf unsere ganz persönliche Traumstraße zurück und wie schon auf der Hinfahrt lassen wir es durch den Forêt de St.-Antoine, den dicht bewaldeten Bergrücken unterhalb des Monte Renoso fliegen. Auch hier sind wir mal wieder fast alleine unterwegs. Nur zwei, drei

Leckere Gerichte sind auf Korsika allgegenwärtig.

Steinhäuser irgendwo im Nirgendwo.

Autos, deren Fahrer uns auch bereitwillig Platz machen, überhole ich mit einem zackigen Dreh am Gasgriff. Für eine kurze Schrecksekunde sorgt nur ein scheinbar lebensmüdes Wiesel – oder war es ein Marder? Auf jeden Fall ein kleines, vierbeiniges Fell-Tier, welches eigentlich kurz vor uns die Straße überqueren wollte, es sich dann aber überlegte und sofort gleich nochmal die Richtung wechselte. Es können nur wenige Zentimeter sein, um die wir es verfehlen. Im Rückspiegel sehe ich es davonrennen.

Dach über'm Kopf – die Esskastanien gibt es umsonst dazu.

Ordentlich Spaß

In ***Ghisoni*** biegen wir wieder auf die ***D344*** ab und befinden uns gleich wieder im Felsengewirr des Défilé des Strette und des gleich anschließenden Défilé de l'Inzecca. Auch hier gilt: Andere Richtung, andere Eindrücke. Am Ende der Schlucht teilt sich dann die Straße, diesmal entscheiden wir uns für die südliche Variante und steuern ***Lugo-di-Nazza*** an. Belohnt werden wir dafür nochmal mit einer ordentliche Portion Spaß auf der Straße und einigen wirklich tollen Ausblicken hinunter auf die Küste und das Meer. Anfänglich noch extrem kurvig und anspruchsvoll, später etwas moderater und entspannender führt uns die *D244* hinunter in das Flachland der Ostküste, die wir in der Nähe von *Ghisonaccia* erreichen. Unterwegs versorgen wir uns an einem Verkaufsstand noch mit dem köstlichen Bienenhonig der Region, dem „Miel de Corse". Ebenso wie für Olivenöl und bestimmte Weine gibt es hierfür kontrollierte und geschützte Herkunftsbezeichnungen.

In Ghisonaccia gibt es einige Läden, die mit der Bezeichnung „produits corses" werben. Hier werden die regionalen, landwirtschaftlichen Erzeugnisse verkauft und oft lassen sich die Sachen vorher probieren. Schnell werden wir fündig und eine gute Flasche Wein eines örtlichen Winzers findet den Weg in unsere Koffer. Und wir entdecken einen Brocciu, den typisch korsischen, frischen Käse aus Schafs- oder Ziegenmilch. Zum Frühstück oder als Dessert, als Füllung von Ravioli oder Omelettes, süß, gesalzen, warm oder kalt, der Brocciu ist in vielen Varianten zu haben und uns hat bisher noch jede geschmeckt. Ideal ist er auch zum Picknick mit einem frischen Baguette und der beliebten, regionalen Feigenmarmelade.

Der Käse ist gegessen

Wir packen ihn ein und fahren die letzten vier Kilometer bis zum Strand. Auf der Sanddüne sitzend schauen wir den Wellen zu, lassen uns von der leichten

Augen auf auf Korsikas Straßen.

Brise ein wenig abkühlen. Den Brocciu, den wir eigentlich jetzt nur probieren wollten, essen wir dann mal an Ort und Stelle gleich ganz auf. Das sollte aber kein Problem sein, wenn wir bald in Aléria ankommen, wo wir unsere Rundtour beenden, werden wir garantiert einen Neuen finden.. ◂

Zutaten für's leckere Picknick.

INFOS ZUR TOUR

CHARAKTERISTIK

Tour 8 windet sich wie eine ausgeworfene Luftschlange durch das zentrale Hochland Korsikas. Abgesehen von einem kurzen Stück auf der Küstenstraße, gibt es kaum eine Gelegenheit in die höheren Gänge des Moppeds zu schalten. Dafür belohnt diese Route mit einem unglaublichen Kurvenspaß und tollen Eindrücken.

PÄSSE DER TOUR

Col de Perelli (721 m).

ÜBERNACHTUNG

Hotel du Tourisme
Acqua di Maria, 20132 Zicavo
Ein Familiär wirkendes, nettes Haus mit 14 ordentlichen Zimmern und einem gemütlichen Restaurant.
www.tourisme-zicavo.com
GPS 41.54388, 9.07470

Hotel Les Orangers
Route De La Mer, 20270 Aléria
Ansprechendes Hotel mit 13 Zimmern, freundliches Personal, Preis/Leistung stimmt und es gibt sehr leckere Pizza aus dem Ofen.
www.hotel-aleria-lesorangers.com
GPS 42.06477, 9.30541

KOMBINATIONSMÖGLICHKEITEN

Da die Tour 8 sehr zentral liegt, lässt sie sich prima mit den Routen 4, 6 und 9 kombinieren. So lassen sich auch Strand- und Motorradurlaub gut verbinden. Im zentralen Hochland gibt es natürlich noch unzählige weitere unentdeckte Bergsträßchen Unbedingt sollte man den Abstecher auf die Flanke des Monte Renoso über die D169 mit fantastischen Ausblicken wagen. Variiert werden kann diese Tour auch mit einer Runde über den Col de Morello und den Col de Sorba.

Der Berg **ruft**

Corte, eine der schönsten Städte auf Korsika, liegt sehr zentral inmitten einer fantastischen Bergwelt. Von hier aus geht es entlang kleinster Nebenstrecke über die bewaldeten, oft schroffen Berghänge hinunter an die östliche Küste der Insel. Unbekannte Pässe, winzige Weiler und urige Bergdörfer machen diese Rundtour zu einer echten Reise für Entdecker. Und mittendrin gibt's eine erholsame Badepause am Meer.

Die zentrale D193 bietet Fahrspaß pur.

TOUREN-STECKBRIEF

BASISORT
Corte (42.304782, 9.149407)

STRECKENLÄNGE
ca. 165 km

DAUER DER TOUR
6 Stunden

ROADBOOK
Corte, Gavignano, Cambia, Sermano, Aléria, Altiani, Col de Morello, Venaco, Corte

HIGHLIGHTS
Corte, unsere ganz persönliche Lieblingsstadt auf Korsika – hier könnten wir Wochen verbringen (42.18192, 9.09043).

Der Col de Morello auf der D343 liegt in fantastischer Landschaft und bietet herrliche Panoramen (42.11147, 9.11356).

Nicht direkt auf der Route, aber ein lohnender Abstecher ist die Restonica Schlucht (42.15414, 9.04472).

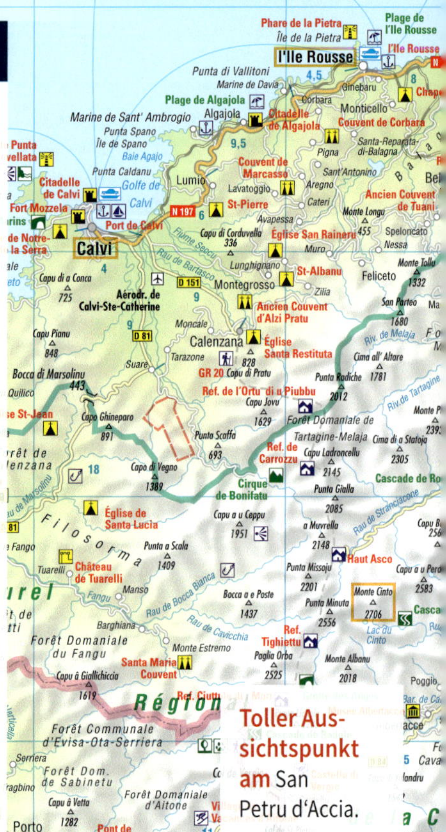

Toller Aussichtspunkt am San Petru d'Accia.

Désert des Agriates
St-Florent
Port St-Florent
Citadelle de St-Florent
Anc. Cathedral du Nebbio
Dolmen
Château Stelo
Champ de tir de Casta-Sud
Moulin d'Isola
Église San-Pietro
Couvent St-François
Oletta
Biguglia
Col de S. Stefano
Sant'Antone
Port de Bastia
Phares la Citadelle
La Citadelle de Bastia
Plage de Lupino
Plage de la Marana
Église de Sta-Maria
Réserve Naturelle de l'Étang de Biguglia
Plage de Pineto
Étang de Biguglia
Plage de M. Musso
Aéroport de Bastia-Poretta
Église de la Canonica
Plage de la Marane
Cité Antique
Plage Camp du Cap Sud
Murato
Église San Michele
Chap. Sta-Margarita
Chapelle San Jabicu
Château Assigliani
Forêt Dom. de Stella
Borgo
Grottes d'Erbajolu
Chapelle San Michele
Castello San Colombano
Chapelle Sant'Agostinu
Église San Michele
Campitello
San Cervonio
Chapelle San Roccu
Torre di Paganosa
San Francescu Couv.
Sant'Agostinu
Moltifao
Château Sepula
Grotte de Petralbellu
Ponte Leccia
Forêt Communale de Moltifao
Gorges de l'Asco
Torre d'Asinaja
Pont Génois
San Thomaso di Pastoreccia
Santa Maria di Riscamone
Morosaglia
Cappuccini Couvent
Vescovato
Venzolasca
Plage de Anghione
Tour San Pellegrinu
Plage San Pellegrinu
Penta-di-Casinca
San Antone Couvent
Église Santa Maria
Castellu di Serravalle
Ruines de Tribuna
San Nicolao
San Pantaléo
La Porta
San Petru d'Accia
Église San Cristofanu
Croix de Setonia
Château Francardo
Forêt Dom. de Castiglione
Sant'Angelu
San Michele
Piedicroce
Couvent d'Orezza
Francolacce
Talasani
Plage de Figareto
Grotte de Carpinella
Château Vigne
Forêt de San Petru d'Accia
San Giorgio
Cascade de Lecelluline
San-Nicolao
Moriani-Plage
Port de Campoloro
Zuccarellu
Chapelle Santa Servanda
Galgbellu
Chapelle Sta-Marione
Sermano
la Madonna Chap.
Cervione
Chapelle Santa Cristina
Musée Cervione
Plage de Pruneto
Anc. Couvent d'Alesani
Musée de Corte
Corte
Aérodrome de Corte
San Nicolao
Santa Servande
Église et Baptême San-Giovanni
Chapelle de Grecs
Chapelle St-François
Pietra-di-Verde
Moita
Chapelle Sant'Antone
Plage de Sumaltu
Tour de Sumaltu
Torre a i Caselli
Gorges de la Restonica
San Martino
Erbajolo
Ancien Couvent
Zalana
Phare d'Alistro
St-Christophe
Chapelle Sta-Maria
Sta-Maria
Chapelle Sta-Brigida
Tour d'Alistro
Château de Pozzo di Borgo
Venaco
St-Alexis
Piedicorte-di-Gaggio
Plage d'Alistro
Pont Génois
Castellare
Site Préhistorique
Pont du Vecchio
Église de San Martinu
Tour de Bravone
Plage de Bravone
Église Sta-Maria
Fontaine de Padula
Château Vaccili
Gorges du Manganellu
Fortin de Pasciolu
Vezzani
Église St-Laurent
Vivario
Col de la Serra
Ref. de l'Onda
Forêt Domaniale de Rospa-Sorba
Étang de Terrenzana
Chapelle Sta-Maria
Vizzavona
Col de Sorba
Église San Michele
Tour de Diane
Étang de Diane
Fort de Vizzavona
Forêt Domaniale de Vizzavona
Chapelle Sant'Andréa
Fort de Matra
Aléria
Plage d'Aléria
Chapelle de Ghisoni
Ghisoni
Musée de Aléria
Étang del Sale
Bocognano
Capannelle
Pénitencier de Casabianda
Monte Renoso
Forêt Communale de Ghisoni
Poggio-di-Nazza
Plaine Orientale
Étang d'Urbino
St-Antoine
Aérodrome de Ghisonaccia-Alzitone
Rét. San Pietro di Verde
Forêt Dom. de Pietra Piana
Cascade
Plateau d'Ese
Ref. de Prati
Chap. San Giovanni
Ghisonaccia
Tour de Vignale
Prunelli-di-Fiumorbo
Égl. de la Curse
Pietrapola
San Quilicus
San Michele
Château de Coasina
San Gavino-di-Fiumorbo
Ref. d'Usciolu
Plage de Quercioni
N 193
N 198
N 200
N 1197
N 197
D 81
D 82
D 5
D 71
D 506
D 344
D 343
D 69

Moltifao
N 197
Costa Roda
Campile
Casacconi
Olmo
Vescovato
Pont Génois
Torre d'Asinaja
Bisinchi
Divina
Loreto-di-Casinca
Grotte de Petralbellu
San Thomaso di Pastoreccia
Crocicchia
Ferlaggia
Forêt Communale de Moltifao
Ponte Leccia
Santa Maria di Riscamone
Valle-di-Rostino
Pastoreccia
Penta
Silvareccio
Piedigriggio
Taverna
D 71
Morosaglia
Ortiporio
Giocatojo
Casalta
Castellu di Serravalle
Ruines de Tribuna
Morosaglia
Stoppia Nove
San Antone Couvent
Église Sta Maria
San Nicolao
San Pantaléo
la Porta
Scata
Pruno
Prato-di-Giovellina
N 193
Forêt Dom. de Pinetu
Casaluna R.
Castineta
San Petru d'Accia
Gavignano
Croce
D 506
Alzi
Château Francardo
Croix de Setonia
Aiti
Église San Cristofano
Polveroso
Francolacci
Saliceto
Mte. San Petrone 1767
Campana
Ponte Castirla
Francardo
San Lorenzo
Piazzole
Sant'Angelu
San Quilico
Piedicroce
Couvent d'Orezza
D 84
Lano
Erone
Castirla
San Michele
Omessa
Pie d'Orezza
Stazzona
Parata
Château Vigne
t'Angelu
Grotte de Carpinella
Carticasi
Piedipartino
San Giorgio
Soveria
Rusio
Forêt de San Petru d'Accia
Carpineto
Felce
Tralonca
Mt. Pianu Maggiore 1581
Monte Muvraje 1697
Col d'Arcarotta 819
D 71
Galghellu
Zuccarellu
Chapelle Santa Servanda
Pietricaggio
la Madonna
Chapelle Sta-Marione
Sta-Lucia di-Mercurio
Sermano
Monte di Castellu 1408
Perelli
Valle-d'Al
Ortale
Bustanico
Anc. Couvent d'Alesani
Musée de Corte
Castellare-di-Mercurio
San Nicolao
Mazzola
Novale
Santa Servanda
Monte Altu 1151
Corte
Aérodrome de Corte
Favalello
Sant'Andréa-di-Bozio
Pianello
Pietra-di-Verde
Église et Baptistère San-Giovanni
Chapelle St-François
Punta di Mangalo 1036
Matra
Moita
N 200
Féo
Campi
Punta di a Gianfena 1408
San Martino
Erbajolo
Ancien Couvent
N 193
Zuani
Zalana
Santo-Pietro-di-Venaco
St-Christophe
Ampriani
Poggio-di-Venaco
Focicchia
Chapelle Sta-Maria
Sta-Maria
Château de Pozzo di Borgo
Punta Quarciu 526
Col de Bellegranajo 723
Altiani
Monte Cardu 2458
St-Alexis
Piedicorte-di-Gaggio
Pietraserena
Tallone
Venaco
Serraggio
u Vecchiu R.
Pont Génois
Pancheraccia
Giuncaggio
Punta Bagliacone 784
Castellare
Punta Muracintu 645
R. de Venuttu
Site Préhistorique
Noceta
Pont du Vecchio
Rospigliani
R. de Casaloria
Église de San Martino
Église Sta-Maria
Fontaine de Padula
Château Vaccili
Fagu
le Tavignano Fl.
Fortin de Pasciolu
Vezzani
Muracciole
Antisanti
Vivario
Col de la Serra
Forêt Domaniale de Rospa-Sorba
Église St-Laurent
Punta Muru 1565
Pietroso
Riu Magnu
807
Casevecchie
Col de Sorba 1311
Saparelle
Lettu Maió
Église San Michele
D 69
Chapelle Sant'Andréa
Campo-Quar
Teppa
Forêt Domaniale

Würde uns jemand nach unserer Lieblingsstadt auf Korsika fragen, wir wüssten es sofort: *Corte*! Einst galt Corte als die Hauptstadt Korsikas, von hier ging der Freiheitskampf der Korsen aus und noch heute wird die tief im Landesinneren liegende Stadt als die heimliche Hauptstadt Korsikas bezeichnet. Das „Herz der Insel" ist nicht nur von einer unglaublichen Natur umgeben, es liegt selber auch sehr spektakulär auf einem Felsen, und Cortes Zitadelle ist die einzige wehrhafte Festung im Inneren Korsikas. Urige Gassen, steile Treppen und verwinkelte Gänge führen durch die Altstadt, einladende, schattige Plätze locken mit gemütlichen Bars und Cafés.

Es ist noch recht ruhig in der Stadt, als wir gleich nach dem Frühstück unser Motorrad anschmeißen und Corte in nördlicher Richtung über die *N193* verlassen. Ein kurzer Abstecher über den *Collo di San Quirico*, schnelle zehn Kilometer auf der gut ausgebauten Landstraße, dann geht es schon

Corte glänzt mit einer schönen Zitadelle und einer malerischen Altstadt.

rechts weg, es ruft die *D39*. Entlang eines der tief eingeschnittenen Tälern führt uns die Strecke in sanften Schwüngen durch die teilweise bewaldete und zum Teil offene Landschaft. Hier ist Cruisen angesagt. Entspannt rollen wir durch das Grün, genießen den Duft der Macchia und lassen einfach rollen.

Borstenvieh ist Stammgast auf Korsikas Asphalt. Schräglagen rund um Vezzani.

Knackige Kehren

Unvermittelt ändert sich das bei *Gavignano*. Eine erste Kehre läutet den Anstieg ein, dann folgen weitere 180-Grad-Kurven. Gerade in den Kehren heißt es aufpassen: Sand, Steine, kleine Äste liegen weit verstreut auf dem Asphalt. Scheinbar ist irgendwann in den letzten Tage ein heftiger

In Corte lässt es sich prima fürs Picknick einkaufen.

Regenguss heruntergekommen und hat jede Menge Unrat auf die Straßen gespült. Nur selten werden danach die Nebenstrecken gesäubert und es kann schon eine Weile dauern, bis alles wieder weg ist.

In einem abwechslungsreichen Wechsel von geraden und knackig kurvigen Abschnitten rollen wir auf *Cambia* zu. Das Städtchen liegt inmitten der *Castagniccia*, der riesigen Berglandschaft mit ihren charakteristischen Kastanienbaumen. Alleine in der Castagniccia gibt es über 15 000 Hektar Kastanienwälder. Die Esskastanie hat große Bedeutung für Korsika, war sie doch einst eines der Hauptnahrungsmittel der Korsen und verhalf dieser Region sogar zu einem gewissen Wohlstand. Das

Auf geht's: vom Meer in die Berge.

lässt sich heute noch an der Größe der Kirchen erkennen, mit denen sich die Dörfer der Castagniccia schmücken. Das Mehl der getrockneten Kastanien wird auch heute noch geschätzt und gewinnt wieder zunehmende Bedeutung. Und natürlich sind es auch wieder die halbwilden Schweine Korsikas, die sich hier wie im Paradies wähnen. Große Rotten stehen am Straßenrand, wühlen das Bankett um auf der Suche nach den leckeren Nussfrüchten.

Korsika-Highlights

Bald haben wir *Sermano* erreicht. Keinesfalls sollte man den Aussichtspunkt kurz vor dem Ort verpassen. Von hier bietet sich ein toller Blick auf das hügelige Bergland und den Ort. Ab hier wird die Strecke wieder anspruchsvoller, unvermittelt tauchen spitze Kehren vor dem Vorderrad auf und manchmal erinnert der Verlauf der Straße an einen nur halb aufgeklappten, zackigen Zollstock.

Mit dem *Col de San Cervone* und vor allem dem bald folgenden *Col de Casardo* liegen zwei echte Korsika-Highlights auf unserer Strecke. Vor allem der Col de Casardo liegt sehr frei auf einem Bergrücken und begeistert mit seiner tollen Lage. Allzu sehr sollte man sich jedoch von der genialen Landschaft nicht ablenken lasse. Die Straße ist in einem eher nicht so guten Zustand und durch die Abwesenheit jeglicher Leitplanke können in dem steilen Gelände kleine Fahrfehler eine üble Folge haben. Übrigens, auf der für reisende Motorradfahrer hochinteressanten Internetseite www.dangerousroads.org ist auch der Col de Casardo vermerkt: „It's asphalted, in very poor conditions, narrow, and pretty steep." Will heißen: „Asphaltiert, in sehr schlechten Verhältnissen, schmal und ziemlich steil." Das stimmt!

Ab ins Wasser

Eigentlich wäre hier unser obligatorischer Picknick-und-Pause-Platz, aber es sind nur noch rund 30 Kilometer bis zu den herrlichen Sandstränden der Ostküste, und nicht umsonst haben wir extra unsere Badesachen eingepackt. Also geht's weiter, steil bergab

> **AUTOREN-TIPP**
>
> Aléria an der Ostküste ist nicht wirklich besonders reizvoll, beherbergt aber ein hochinteressantes **ARCHÄOLOGISCHES MUSEUM** mit spannenden Ausgrabungen. Auf einem Plateau südlich des modernen Aléria liegt das alte Aléria mit der genuesischen Festung Fort Matra und dem Museum.

wedeln wir durch die Kehren hinunter an die Küste, die wir am Lagunensee *Étang de Diane* erreichen. Feinschmecker sind hier besonders gut aufgehoben. Die Fisch- und Austernzucht hat am Étang de Diane eine lange Tradition. Schon in der Antike wusste man die gute Wasserqualität der Lagune zu schätzen, die köstliche

Einspurig – nicht immer passt es mit dem Gegenverkehr.

Fische und Krustentiere auf den Teller bringt. Kiki und ich steuern am Salzwassersee vorbei und suchen uns einen prima Platz direkt am Strand. Raus aus den Moppedklamotten, rein in die Badesachen!

Die Genueserbrücke

Irgendwann ist auch die erholsamste Pause zu Ende und über die *D14* arbeiten wir uns wieder in die Berge empor. Wie schon bei der Abfahrt, vollzieht sich schnell der Wechsel vom flachen Küstenvorland in die Bergwelt des Hinterlandes. Wer es eilig hat, kann hier auch zügig über die Nationalstraße 200 abkürzen. Gerade einmal 50 Kilometer sind es auf der gut ausgebauten Landstraße von der Küste bis nach Corte. Die sind aber eher unspektakulär, die eindeutig bessere Wahl sind auch hier wieder die vielen kleinen Nebenstrecken. Nur kurz treffen wir daher bei *Altiani* auf die N200, und zwar genau dort, wo die *Pont Genois d'Altiani*, eine alte dreibögige Genueserbrücke aus dem 14. Jahrhundert über den *Tavignano* spannt. Wer mag, kann sich hier ins frische Nass stürzen. Rund um die Brücke gibt es ein paar schöne Badeplätze im Fluss.

Wir schlagen noch einen Bogen über *Vezzani*, dann folge ich den Schildern zum *Col de Morello*. Der liegt in 824 Metern Höhe und bietet ein beeindruckendes Panorama über die komplette Region. Vor allem, wenn man nur ein paar Schritte bis zum Gipfel des *Occhio Vario* weitergeht. Etwa 40 Meter höher gibt es hier einen 360 Grad-Rundblick, der sich gewaschen hat.

Viel zu sehen

Nur wenige Kilometer weiter erreichen wir *Vivario*, einen beliebten Ausgangspunkt für zahllose spannende Wanderungen. Wer einmal eine kleine Ecke Korsikas per Pedes entdecken möchte, dem sei diese Region wärmstens empfohlen. Es gibt so viel zu sehen: Das *Fort de Pasciolo*, eine verfallene Burg mit Blick über das ganze Tal des *Vecchio*, die *Pont du Vecchio*, die von Gustave Eiffel erbaute eiserne Eisenbahnbrücke oder das faszinierende Flussbett des Vecchios, in dem zahllose Gumpen zum Badespaß im kristallklaren Wasser laden. Nicht zu vergessen sind auch die eindrucksvollen Wasserfälle *Cascades des Anglais*, bei denen es sich auch im Sommer eiskalt baden lässt. Wer es anspruchsvoller haben möchte, dem sei eine Wan-

Fundstück: lebensuntüchtiges Mopped.

derung auf den 2391 Meter hohen Gipfel des ***Monte d'Oro*** empfohlen. Aber Vorsicht, der Berg kann auch im Sommer noch von Schnee bedeckt sein, das Wetter schlägt schon mal um und der neun Stunden lange Weg ist nichts für Turnschuhtouristen.

Gute 25 Kilometer sind es noch bis zurück nach Corte. Etwa auf halber Strecke liegt der sehr schöne ***Col de Bellagranajo*** auf 723 Metern Höhe. Gerade richtig für uns, um noch einen leckeren Cappuccino zu genießen. Zwar gibt es am Pass selber leider kein Café, aber nur wenige hundert Meter vorher lockt ***Venaco***, Hauptstadt des gleichnamigen Kantons, zu Füßen des fast 2500 Meter hohen ***Monte Cardo***. Und wir haben auch gleich Glück: Das von uns angesteuerte Café kann uns einen Fiadone kredenzen, den aus dem Ziegen- oder Schafskäse Brocciu hergestellten köstlichen frischen Käsekuchen – ein Genuss. Kiki und ich bilden uns ein, nirgendwo sonst einen so leckeren Käsekuchen zu bekommen.

Steil geht es die letzten zehn Kilometer nach Corte hinauf, die von uns heiß geliebte heimliche Hauptstadt Korsikas. Wir freuen uns schon auf einen Abend in deren Altstadt, auf ein erfrischendes Kastanienbier Pietra, dass es so nur hier auf Korsika gibt, auf einen würzigen korsischen Wildschweinbraten und vielleicht auch auf ein zweites Stück Fiadone.. ◀

Am Abend geht's in Cortes Altstadt.

INFOS ZUR TOUR

CHARAKTERISTIK

Über Nebenstrecken geht es hinauf auf Korsikas zentrale Berge, dann entlang der perfekt ausgebauten, kurvenreichen N193 und über schmale Bergsträßchen hinab an die Ostküste. Mit anderen Worten: Es gibt von jedem etwas. Ein bisschen Erfahrung sollte man mitbringen – aber es lohnt sich!

PÄSSE DER TOUR

Colle di San Quilico (559 m), Col de St-Antoine (996 m), Col de Casardo (985 m), Col de Morello (824 m), Col de Bellagranajo (723 m)

ÜBERNACHTUNG

Hotel Sampiero Corso

4 Avenue du Président Pierucci, 20250 Corte
Äußerlich unscheinbar, aber sehr freundliches Personal und nette Zimmer, Motorradgarage.
www.sampierocorso.com
GPS 42.18182, 9.09083

Hotel Les Orangers

Route De La Mer, 20270 Aléria
Ansprechendes Hotel mit 13 Zimmern, freundliches Personal, Preis/Leistung stimmt und es gibt sehr leckere Pizza aus dem Ofen.
www.hotel-aleria-lesorangers.com
GPS 42.06477, 9.30541

KOMBINATIONSMÖGLICHKEITEN

Tour 9 grenzt direkt an die Routen 3, 4 und 8. Durch die Kombination zwischen Küste und hohem Gebirge gibt's hier Motorrad- und Badespaß. Zusätzlich lassen sich Abstecher auf der D69 zum Col de Sorba, ins grandiose Restonica-Tal oder in die großartige Schlucht Scala di Santa Regina einbauen. Und Corte ist immer eine Reise wert.

Von Meer **zu Meer**

Die „heimliche Hauptstadt“ Korsikas – Corte – ist unsere ganz persönliche Lieblingsstadt auf der Insel. Sie liegt recht zentral inmitten des korsischen Bergrückens und bietet sich daher als ideales Basislager für viele Touren und Unternehmungen an. Ausgehend von Corte lassen sich auf einer Tagestour viele Highlights Korsikas entdecken und am Abend geht’s durch die urigen Gässchen der Altstadt und hinauf auf die Zitadelle.

In Korsikas Mitte winden sich fantastische Bergstrecken durch den Fels.

Calvi
Citadelle de Calvi
Fort Mozzella
Port de Calvi
Grote des Veaux Marins
Église de Notre-Dame de la Serra
Punta di Cantaleli
Aérodr. de Calvi-Ste-Catherine
Montegrosso
Calenzana
Lumio
Belgodère
Feliceto
Palasca
Novella
Pietralba
Castello San Colombano
Forêt de Calenzana
Forêt de Melaja
Forest Lodge
Asco
Moltifao
Ponte Leccia
Morosaglia
Galéria
Filosorma
Parc Naturel Régional de la Corse
Forêt de Tetti
Forêt Domaniale du Fangu
Haut Asco
Monte Cinto 2706
Cascade d'Ercu
Corscia
Calacuccia
Albertacce
Lozzi
Casamaccioli
Forêt de Cavallo-Morto
Forêt Dom. de Tavignano
Corte
Aérodrome de Corte
Castello di Vergio
Col de Vergio 1477
Village de Vacances d'Aïtone
Forêt Domaniale d'Aïtone
Forêt Dom. de Sabinetu
Forêt Communale d'Evisa-Ota-Serriera
Porto
Ota
Evisa
Cascades d'Aïtone
Les Rochers Bleues
Pont de Zaglia
Piana
Marignana
Cristinacce
Cascade Piscia a l'Onda
Commune de Renno
Letia
Soccia
Orto
Poggiolo
Guagno
Forêt Comm. Guagno
Petra Piana
Gorges du Manganellu
Santo-Pietro-di-Venaco
Venaco
Serraggio
Col de Bellagranajo 723
Vivario
Col de la Serra
Vizzavona
Col de Vizzavona 1163
Forêt Domaniale de Vizzavona
Ghisoni
Vezzani
Muracciole
Col de Sorba 1311
Chapelle St-Roch
Vico
Col de St. Antoine 491
Murzo
Couvent de St-François
Rosazia
Salice
Azzana
Vigliamajo
Église de Notre-Dame des Carmes
Forêt de Gattica
Pastricciola
Chiusa
Frasseto
Sagone
Plage de Sagone
Golfu di a Liscia
Casaglione
Sari-d'Orcino
Tiuccia
Ambiegna
Arro
Lopigna
Calcatoggio
Appietto
Vero
Ucciani
Tavera
Bocognano
Monte Renoso 2352
Col de Verde 1289
Ref. de Prati
Plateau d'Ese
Bastelica
Tolla
Ocana
Cuttoli-Corticchiato
Peri
Afa
Alata
Pietrosella
Col de Carazzi 264
Aéroport d'Ajaccio-Campo dell' Oro
AJACCIO
Mezzavia
Bastelicaccia
Cauro
Eccica
Bocca Sant' Alberto 536
Cascade de Sant' Alberto
Santa Maria-Siché
Porticcio
Plage de Ajaccio
Plage de Pointa
Grosseto
Zicavo
Sampolo
Cozzano
Chapelle San Giacomu
Forêt des Cinq Communes
San Gavino-di-Fiumorbo
Parc Naturel
Forêt Dom. de Pietra Piana
Forêt Domaniale de Saint-Antoine
HAUTE-CORSE
CORSE-DU-SUD

Relaxen am See von Calacuccia.

TOUREN-STECKBRIEF

BASISORT

Corte (42.307106, 9.150586)

STRECKENLÄNGE

ca. 165 km

DAUER DER TOUR

6 Stunden

ROADBOOK

Corte, Gavignano, Cambia, Sermano, Aléria, Altiani, Col de Morello, Venaco, Corte

HIGHLIGHTS

Corte, unsere ganz persönliche Lieblingsstadt auf Korsika – hier könnten wir Wochen verbringen (42.18192, 9.09043)

Der Col de Morello auf der D343 liegt in fantastischer Landschaft und bietet herrliche Panoramen (42.11147, 9.11356).

Nicht direkt auf der Route, aber ein lohnender Abstecher ist die Restonica Schlucht (42.15414, 9.04472).

Cortes Altstadt sorgt für stramme Waden (oben und unten).

Corte ist unsere ganz persönliche Lieblingsstadt auf Korsika. Wann immer wir auf der Insel unterwegs sind, versuchen wir, wenigstens zwei, drei Tage den ganz besonderen Flair der einzigen Universitätsstadt Korsikas zu genießen. Corte ist für uns nicht nur das Basislager für viele spannende Touren in die Umgebung, sondern auch selber immer wieder ein lohnenswertes Ziel.

Für Entdecker und Genießer: die Restonica-Schlucht (rechte Seite).

Korsikas Hauptstadt

Die geschichtsträchtige Stadt, deren Ortskern bildschön in 436 Metern Höhe auf einem Felsen liegt, war tatsächlich schon einmal Korsikas Hauptstadt. Unter dem in Korsika so geschätzten Freiheitskämpfer Pascal Paoli trotzten die Korsen den Genuesen, die die Insel bereits im 13. Jahrhundert eroberten; ein Teil der Insel wurde unabhängig. Die Hauptstadt dieses unabhängigen Teils wurde schließlich zwischen 1755 und 1769 Corte. In dieser Zeit gründete Paoli in Corte auch die erste und einzige Universität Korsikas. Nicht zuletzt den Studenten hat Corte es auch zu verdanken, dass hier immer etwas los ist und die Bars und Cafés der Stadt abends gut besucht sind.

Grandiose Schlucht

Unser erstes Ziel in Cortes Umgebung ist fast immer die *Gorges de la Restonica*, die grandiose Restonica-Schlucht. Verlässt man Corte über die *Avenue du Président Pierucci* in südlicher Richtung überquert man kurz vor dem Ortsausgang das Flüsschen *Tavignano* und biegt gleich darauf rechts ab auf die *D623*. Hier ist schon das Restonica-Tal ausgeschildert. Wohnwagen und Wohnmobi-

Gleicht hinter Corte geht es in die Restonica-Schlucht.

len wird per Verkehrszeichen die Zufahrt verboten. Das ist auch besser so. Mauern, Hauswände und Felsen beengen die Durchfahrt, bis man schließlich die letzten Häuser hinter sich lässt. Linkerhand plätschert die Restonica glitzernd in der Sonne, rechts huschen graue Felswände vorbei, die sich langsam, aber sicher immer höher in den Himmel heben. Je höher sich auch die Straße schraubt, umso schmaler und enger wird der Asphalt – Begegnungsverkehr ist an vielen Stellen Fehlanzeige. Wohl dem, der ein Motorrad fährt und sich schon mal fix durchquetschen kann. Aber Vorsicht, oft ist auf der dem Fluss zugewandten Seite keine Mauer und es geht gleich mehrere Meter steil bergab, oft direkt ins Flussbett.

Badespaß in Gumpen

Gut fünf Kilometer hinter Corte zweigt ein Weg zum Campingplatz de Tuani ab. Die Qualität des Platzes schwankt schon mal. In der Hauptsaison ziemlich überfüllt, lässt es sich außerhalb des Monats August dort sehr idyllisch zelten. Unser Tipp: Frühstück auf der Terrasse des kleinen Camping-Restaurants, Sonne im Gesicht, frische Luft in der Nase, im Hintergrund rauscht die Restonica – besser kann ein Tag kaum beginnen.

Insgesamt sind es 15 Kilometer herrlichster Strecke, die sich entlang der Restonica durch Wald und Fels windet. Zwischendurch locken urige Gumpen im Wasser zum Baden, an manchen Stellen kann man sogar von den Felsen ins Wasser springen – eine gewisse Abhärtung gegen kaltes Bergwasser vorausgesetzt. Die enge und kurvenreiche D623 endet schließlich auf 1370 Metern Höhe auf dem Parkplatz der Bergerie de Grottelle. In der Hauptsaison muss man hier eine kleine Parkgebühr entrichten. Wir gönnen uns meistens einen Kaffee oder ein Eis, bevor wir schließlich auf der spannenden Bergstrecke wieder den Rückweg antreten. Das unvermeidliche und heiß geliebte Picknick am Bergbach steht dann für den Rückweg auf dem Plan. Frisches Baguette, heimischen Käse und Schinken und ein bisschen Obst dafür gibt's in Läden von Corte reichlich.

Wer neben den Motorradstiefeln zufällig auch Wanderstiefel im Gepäck haben sollte, kann übrigens von hier aus fantastische Wanderungen starten. Die spektakulären Wege sind alle gut ausgeschildert und der legendä-

Eis muss sein: kühle Erfrischung.

Für die Lieben zu Hause: obligatorische Ansichtskarte.

re Weitwanderweg *GR20* führt auch hier vorbei.

Zurück am Abend in Corte heißt es dann natürlich, die müden Motorradfahrer-Beine zu vertreten. Das geht am besten auf dem *Cours Paoli*, der Flanier- und Einkaufsstraße und Hauptader Cortes. Im Café de Cours, wo es abends des öfteren auch Live-Musik gibt, lässt sich prima entspannen. Hier kann man übrigens an den Internet-PC auch Bilder und Mails an die Lieben zu Hause versenden. Natürlich gibt es auch jede Menge andere gemütliche Bars, Cafés und Restaurants. Später, im Dunkeln und mit vollem Bauch muss man unbedingt die Treppen und das Kopfsteinpflaster zur Zitadelle erklimmen. Das trainert nicht nur die

AUTOREN-TIPP

CORTE und seine malerische Altstadt ist eines der Highlights auf Korsika. Besonders idyllisch und stimmungsvoll ist Corte bei Nacht. Die Wege durch urige, enge Gässchen hindurch zu der nachts beleuchteten und angestrahlten Festung wirkt wie im tiefsten Mittelalter.

Haut Asco
Punta Missoju 2201
Capu a u Perdatu 2583
Capu Terri Corscia 2109
Bois de Liccioja
Rau de l'Ancinu
Forêt Dom. de Castiglione
Ponte Castirla
Francardo
Monte Cinto 2706
Punta Minuta 2556
Cascade d'Ercu
Rau de Ruda
Scala di Santa Regina
D 84
Castirla
San Michele
Omess
Ref. Tighiettu
Lac du Cinto
Ruisseau d'Ercu
Corscia
le Golo Fluvière
Sant'Angelu
Soveria
Grotte Carpine
Monte Albanu 2018
Pantanacce
Lozzi
Forêt Communale de Corscia
Tralonca
S.Pancraziu
Poggio
Galghellu
Zuccarellu
Grotte des Anges
Bar. de Calacuccia
Calacuccia
Chapelle Sta-Marione
Sta-Lucia di-Mercurio
Musée Albertacce
Pont de Futanella
Punta Finosa 1855
Punta Licciola 2235
Albertacce
Sidossi
Casamaccioli
Cascade de Radule
Forêt de Cavallo-Morto
Forêt Dom. de Tavignano
Musée de Corte
Castellare-di-Casinca
le Golo Fl.
25
Corte
Aérodrome de Corte
Castellu di Vergio
Capu di Valandru 1542
Capu di a Candela 1802
le Tavignano Fl.
Église et Baptistère de San-Giovanni
Castellu di Vergio
N 200
de la Corse
Chapelle de Grecs
11,5
Punta di a Gianfena 1408
N 193
Capu a u Tozzu 2007
Lac de Nino
Punta Artica 2327
Punta di i Castelli 2180
Gorges de la Restonica
Santo-Pietro-di-Venaco
Poggio-di-Venaco
le Tavignano Fl.
la Restonica R.
Château de Pozzo di Borgo
Col de Bellegrana 723
Capizzolu 1295
Cimatella 2098
Capu a u Chiostru 2295
Lavu di l'Oriente
Monte Cardu 2458
Venaco
Serraggio
Ref. de Manganu
Lac de Goria
Lac de Cavaccio
Monte Rotondo 2622
2437
Punta Felicina
Punta di Casta Degna 1753
HAUTE-CORSE
CORSE-DU-SUD
9,5
Monte Sant'Eliseo 1511
GR 20
Lavu Bellebone
R. de Venuttu
Noceta
Crusta
Soccia
Orto
Petra Piana
Pont du Vecchio
Punta di Petra Facciata 1733
Église Sta-Maria
Fiume Grossu
Punta di Pinzi Corbini 2021
Gorges du Manganellu
Fortin de Pasciolu
Poggiolo
Guagno
Punta a i Muzzolini 1634
Vivario
Muracciole
Guagno les Bains
Forêt Comm. Guagno
Col de la Serra
Forêt Domaniale
Punta Muro 1565
Monte Cervellu 1623
Ref. de l'Onda
807
Pastricciola
Chiusa
Monte d'Oro 2389
Col de Sorba 1311
Guigliazza
Forêt de Gattica
2264
D 69
Frasseto
Vizzavona
Forêt Domaniale de Vizzavona
Rezza
Scanalajaccia
Punta Migliarellu
Fort de Vizzavona
Azzana
Vignamajo
Église de Notre Dame des Carmes
Col de Vizzavona 1163
Ghisoni
Punta di l'Oriente 2112
Rau de Foce
Bossu
Punta di a Malandrina 994
7,5
la Gravona R.
Forêt Communale de Ghisoni
Forêt Dom. de Vero
Bocognano
Capannelle
4,5
N 193
Tavera
Monte Renoso 2352
Vero
Punta â Vetta 2255
San Giovanni Église
Costeglia
Suaricchio
Ucciani
Punta d'Isa 1630
Punta a u Picchiu 1580
Punta Scaldasole 2101
D 69
3,5
Carbuccia
Ref. San Pietro di Verde
Fiascu

Auf Korsikas höchstem Pass: dem Col de Vergio.

Kalorien wieder ab, sondern eröffnet vom Aussichtspunkt ***Belvedere*** aus auch einen fantastischen Blick auf die hell angestrahlte Zitadelle und die alten Gemäuer der Altstadt. Apropos Zitadelle: Neben der Touristeninfo residiert dort auch das ***Musée de la Corse***, Korsikas Nationalmuseum. Dank des modernen Konzeptes ist der Besuch sehr interessant und lohnenswert.

Motorrad-Traum

Nur 15 Kilometer nördlich von Corte an der ***Pont de Castirla*** beginnt eine der spektakulärsten und beeindruckendsten Strecken Korsikas, die ***D84***. Gleich drei absolute Highlights der Insel liegen hier auf 75 ungemein kurvenreichen Kilometern dicht ge-

ballt. Wie bereits in Tour 3 ausführlich beschrieben, liegen hier direkt hintereinander die Schlucht *Scala di Sanata Regina*, der höchste Pass Korsikas, der *Col de Vergio* und die *Gorges de Spelunca*, die Spelunca-Schlucht. Die Strecke ist der Motorrad-Traum schlechthin, und es wird uns nie langweilig, von Corte aus diese Route zu befahren. Immer wieder entdecken wir Neues rechts und links der Straße, machen entspannende Pausen im Sand des *Lac de Calacuccia*, fotografieren die gleich neben der Straße futternden wilden Hausschweine oder erkunden den einen oder anderen Abstecher. Dazu gehört zum Beispiel die Umrundung des *Lac de Calacuccia*, die kleinen Nebenstrecken in die Bergdörfer gleich gegenüber des Sees oder die Tour auf den aussichtsreichen *Col de Sevi* südlich von *Evisa*. Das sympathische Evisa mit seinen historischen Gemäuern und den netten Cafés ist natürlich auch einen Besuch wert.

Strecke mit Suchtpotential

Süchtig machende Motorradstrecken liegen auch unmittelbar südlich von Corte. Über den *Col de Bellagrana-*

Treffpunkt: Bei Calacuccia staut sich der Golo.

In Cortes Läden lassen sich alle Zutaten für ein prima Picknick kaufen.

jo, den *Col de la Serra* und den *Col de Vizzavona* fliegen sportlich angehauchte Motorradfahrer in unzähligen Schräglagen entlang der gut ausgebauten *N193* gen Süden. Die Reiseenduro-Fraktion biegt über den *Col de Morello* in das Bergstraßen-Kurven-Wirrwarr bei *Vezzani* ab, gut beschrieben in Tour 9. Richtung Osten sind es von Corte gerade mal 50 Kilometer bis an die fantastischen Badestrände der korsischen Ostküste. Dazu folgt man einfach nur stetig der *N200*. Gut ausgebaut folgt sie dem Fluss *Tavignano*, der auf seinem Weg aus dem Gebirge in Jahrtausenden einen spannenden Abstieg schmirgelte.

Wie schon erwähnt: Corte ist unsere Lieblingsstadt auf Korsika. Und selbst wenn wir nur ein paar Tage auf der Insel sind, Corte ist ein Muss - nicht nur der umliegenden grandiosen Touren wegen. Und während ich diese Zeilen schreibe, überlege ich gerade, wann wir das nächste Mal diese tolle Stadt besuchen - hoffentlich bald. Vielleicht treffen wir uns dort, das wäre schön! ◄

INFOS ZUR TOUR

CHARAKTERISTIK

Die Strecken rund um Corte reichen von der perfekt ausgebauten und kurvenreichen Nationalstraße bis zur verwinkelten, einspurigen Bergpiste mit löchrigem Asphalt. Dementsprechend gestalten sich die Anforderungen und Bedingungen. In der Restonica-Schlucht kann es bei Gegenverkehr sogar mit dem Motorrad recht eng werden. Vorsicht, zum Wasser hin geht es steil bergab - ohne Sicherung. Corte und seine Umgebung sind der Motorradtraum schlechthin.

PÄSSE DER TOUR

Auf diesen fantastischen Strecken locken die schönsten Pässe Korsikas: Col de Vergio (1470 m), Col de Sevi (1101 m), Col de Bellagranajo (1163 m), Col de la Serra (807 m), Col de Vizzavona (1163 m), Col de Morello (824 m), Col de Sorba (1311 m).

ÜBERNACHTUNG

Hotel Sampiero Corso
4 Avenue du Président Pierucci, 20250 Corte
Äußerlich eher unscheinbar, aber sehr freundliches Personal und nette Zimmer, Motorradgarage
www.sampierocorso.com
GPS 42.18182, 9.09083

Hotel du Nord
22 Cours Paoli, 20250 Corte
Sehr zentral gelegen, direkt über dem Café du Cours, schöne Zimmer, freundlicher Service, nette Atmosphäre, Motorradgarage
www.hoteldunord-corte.com
GPS 42.18260, 9.09018

KOMBINATIONSMÖGLICHKEITEN

Direkt bei Corte liegen die Touren 3 und 9. Durch die zentrale Lage lassen sich von hier aus auch die Tour 2 und Teile der Tour 4 fahren. Die Strecken liegen in Tages-Reichweite inklusive Wanderparadiese. Unter **www.corte-tourisme.com** und **www.paradisu.de/korsika-fotos-corte-umgebung.html** gibt es unzählige Tipps für alle Aktivitäten um Corte.

ANREISE / ZEITAUFWAND / MIT DEM MOTORRAD UNTERWEGS

Eine Rundfahrt über die Insel ist in einer Woche zu machen, man sieht dann auch schon richtig viel. Ohne die Anreise kämen dann so etwa 1200 bis 1500 Kilometer zusammen. Auf der flachen Ostseite lässt es sich an einem halben Tag locker wieder von Süd nach Nord zum Fährhafen zurückfahren. Natürlich ist es einfach schöner, wenn man mehr Zeit hat. 14 Tage wären ideal, dann lässt sich der eine oder andere Badetag einlegen und es ist genug Zeit, die schönsten Orte Korsikas zu erkunden. Außerdem ergeben sich dann tolle Gelegenheiten für spannende Abstecher. Wer es ganz genau wissen will, verbringt drei Wochen auf der Insel, auch da kommt garantiert keine Langeweile auf.

Beachten sollte man bei aller Planung stets, dass im Landesinneren und an der zerklüfteten Westküste die „Stundenschnitte" recht niedrig liegen. Extrem verwinkelte, kurvenreiche und anspruchsvolle Straßen benötigen Zeit. Korsika ist eine Insel für Reisende, nicht für Rasende. Und eilig sollte man es auf korsischen Pisten schon gar nicht haben.

Wichtiger Hinweis: Gerne fordern die Einheimischen zu einem kleinen Duell auf der Piste. Darauf sollte man sich niemals einlassen. Der Korse kennt seine Hausstrecken wie die eigene Westentasche und ist dabei nicht zimperlich. Kurvenschneiden und das Ignorieren jeglicher Verkehrsvorschriften gehören auf Korsika sowieso zum allgemeinen Repertoire, dummerweise gilt das auch für den Gegenverkehr. Grundsätzlich gilt: Immer mit allem rechnen und für die Anderen mitdenken. Das gilt auch für vierbeinige Esel, Ziegen und die halbwilden Wildschweine.

Wir setzen meist ab dem italienischen Livorno mit der Fähre über. Für die 80 Kilometer braucht das Schiff gut vier Stunden. Livorno liegt etwa 750 Kilometer von München und rund 1120 Kilometer von Köln entfernt. Möglich, aber teurer, ist auch die Anreise über die französischen Häfen Marseille, Toulon oder Nizza, bzw. das italienische Genua. Wir waren mit Corsica Ferries bestens bedient (**www.corsica-ferries.de**, T. 0 18 05/00 04 83). Es gibt aber auch zahlreiche andere Portale im Internet, über die sich Fähren buchen lassen. Im Sommer sollte die Fähre stets im Voraus gebucht sein, sonst muss man schon mal mit einer längeren Wartezeit rechnen. In der Nebensaison lassen sich die Überfahrten auch direkt vor Ort locker buchen.

Leider hat die Deutsche Bahn im Oktober 2016 ihr Autozug-Programm endgültig eingestellt. Andere Betreiber arbeiten derzeit an einer Alternative. Ein Blick ins Internet verhilft deshalb eventuell zu einer bequemen Anreise via Autozug nach Italien.

KLIMA / BESTE REISEZEIT

Korsika liegt auf einer geografischen Höhe mit der Toskana und Rom, dementsprechend herrscht auf der Insel das typische Mittelmeerklima mit trockenen, heißen Sommern und milden, feuchten Wintern. Wer sich als Sonnenanbeter dem prallen Strandleben hingeben möchte, kommt von Mai bis September, dann kann es allerdings auch mächtig heiß werden. Wer im Hauptreisemonat August kommt, darf keine Berührungsängste haben. Traditionell haben dann fast alle Franzosen Urlaub und es kann schon mal recht voll werden. Im April ist es zwar noch teilweise frisch, aber sehr schön. Dann blüht die Macchia, die Sonne hat

schon Kraft und die Touristikbranche ist noch gut gelaunt und entspannt.

Wir sind auch recht gerne im Oktober auf Korsika unterwegs. Das Wetter spielt fast immer noch mit, allerdings kann es in den Bergen schon teilweise recht frisch werden. Ein entsprechender Wind- und Wetterschutz gehört allerdings in der Nebensaison sowieso immer ins Gepäck. Dafür gehören dem Motorrad-Reisenden im Herbst viele Straßen ganz allein und in den reizvollen Orten gibt es kein Gedränge. Nachteil der Nebensaison: So manches ist schon geschlossen.

CORSU – DIE SPRACHE KORSIKAS

Korsisch, oder eben Corsu, ist die anerkannte Regionalsprache Korsikas und wird von einem guten Drittel der Korsen gesprochen. Es gehört zu den italoromanischen Sprachen und ist eher dem Italienisch als dem Französisch ähnlich. Es wird in einigen korsischen Schulen unterrichtet, an der einzigen Universität Korsikas in Corte ist Corsu ein Pflichtfach. Einzige Amtssprache Korsikas ist jedoch französisch, wogegen die Ortsschilder meist zweisprachig sind. Zwar ist die Sprecherzahl rückläufig, dank der starken korsischen Identität und vieler junger Sprecher ist Corsu nicht akut gefährdet, wie zahlreiche andere Dialekte.

UNTERKUNFT

Hotel- und Fremdenzimmer sowie Pensionen und vor allem Campingplätze gibt es auf Korsika fast überall sehr zahlreich. Außerhalb der Hauptsaison findet sich auch spontan im-

mer etwas. Die örtlichen Touristinfos helfen dabei gerne, Unterkünfte sind aber auch stets gut ausgeschildert. Portale wie booking.com machen das Buchen unterwegs sehr einfach und überschaubar und erfordern keine Französischkenntnisse. Für Juli und August ist es recht hilfreich, zu planen und eine Unterkunft vorzubestellen. Damit beschränkt man dann zwar die eigene Flexibilität, geht aber auf Nummer sicher. Das geht über das Französische Fremdenverkehrsamt **ATOUT FRANCE** in der Zeppelinallee 37, 60325 Frankfurt am Main bzw. über deren sehr informative Internetseite **dc.franceguide.com** oder über die unten angegebenen Links. Prima Ideen und Tipps für den Frankreichurlaub auch über Korsika hinaus gibt es auch auf der facebook-Seite von Atout France: **www.facebook.com/UrlaubinFrankreich**.

LITERATUR / KARTEN

Perfekt für die Tour ist die **MICHELIN LOCAL-KARTE 345 KORSIKA** im Maßstab 1:150.000 für 8,99 Euro. Sie ist top aktuell und beinhaltet Stadtpläne von Bastia, Ajaccio, Calvi, Bonifacio, Corte und Sartene sowie Routenvorschläge und natürlich sind alle Sehenswürdigkeiten besonders gekennzeichnet. Hier lassen sich auch die kleinsten, unbefestigten Wege finden.

ISBN: 978-2067210790

Viel Lust auf die Insel macht der **MARCO POLO REISEFÜHRER KORSIKA** für 12,99 Euro. Übersichtskarte und ein kleiner Sprachführer, Insidertipps und vieles mehr sind sehr hilfreich. Der Band ist kompakt und passt in jeden Tankrucksack. Er hat 152 Seiten mit klasse Fotos.

ISBN: 978-3829728058.

Einen unterhaltsamen und gelungenen Einblick in die korsische Psyche bietet der Asterix-Band 20 **ASTERIX AUF KORSIKA**. Beispiel: „Dieser hauchzarte Duft nach Thymian und Mandeln, Feigen und Kastanien und dieser Hauch von Kiefer, diese leichte Andeutung von Beifuß, diese Ahnung von Rosmarin und Lavendel, ach, meine Freunde, dieser Duft, DAS IST KORSIKA!" (Osolemirnix, Korse), für 12,- Euro oder für kleines Geld gebraucht bei amazon oder bei ebay.

ISBN: 978-3770436200

Ein einzigartiges Produkt sind die **FOLYMAPS TOURENKARTEN KORSIKA UND SARDINIEN** aus dem **TVV TOURISTIK VERLAG**. Das Set besteht aus jeweils acht Tourenkarten und kostet 19,95 Euro. Auf jeder Karte gibt es bis zu fünf verschiedene Tourvorschläge, die auf der Rückseite des Kartenblatts eingehend beschrieben sind. Darüber hinaus lassen sich die robusten Karten aber auch bestens als Straßenkarten für die Planung und auch unterwegs benutzen.

Die Karten sind beidseitig foliert und so gegen Wasser und Verschmutzung geschützt. Reißfest sind sie noch dazu. Außerdem kommen sie in einer handlichen Kunststofftasche, die zusätzlichen Schutz bietet. Durch die Verwendung von Mikrofolie anstelle des sonst üblichen steifen Laminats bleiben die Karten hochflexibel und bestens faltbar. Damit lassen sie sich in jeder gewünschten Ansicht etwa im Kartenfach eines Tankrucksacks integrieren. Maßstab der Karten 1:250 000.

ISBN 978-3-937063-15-3

Klein und handlich ist die **MOTORRADKARTEN-BOX KORSIKA UND SARDINIEN** von Biker Betten im **TVV TOURISTIK VERLAG**. Für 9,95 Euro gibt es die ultimative Kartenbox mit acht informativen Papierkarten zu den schönsten Motorrad-Regionen der beiden Inseln. Alle Karten stellen jeweils fünf eingezeichnete und beschriebene Touren vor und weisen natürlich auch auf an den Routen liegende Unterkünften für Motorrad-Reisende hin.

ISBN 978-3-937063-17-1

Die praktischen und hilfreichen Karten vom **TVV TOURISTIK VERLAG** sind im Maßstab 1:250.000 ausgeführt. Erhältlich sind die Boxen im Buchhandel, via Amazon oder auf **www.bikerbetten.de**. Dort gibt es zudem unzählige weitere Tipps zu Motorradtouren durch ganz Europa.

INTERNET

Viele Infos bieten die folgenden Interet-Seiten: **www.korsika.fr** und **www.korsika-entdecken.de**.

Die offizielle, auch deutschsprachige Seite des Fremdenverkehrsamts Korsika ist über diese Adresse zu finden: **www.visit-corsica.de**.

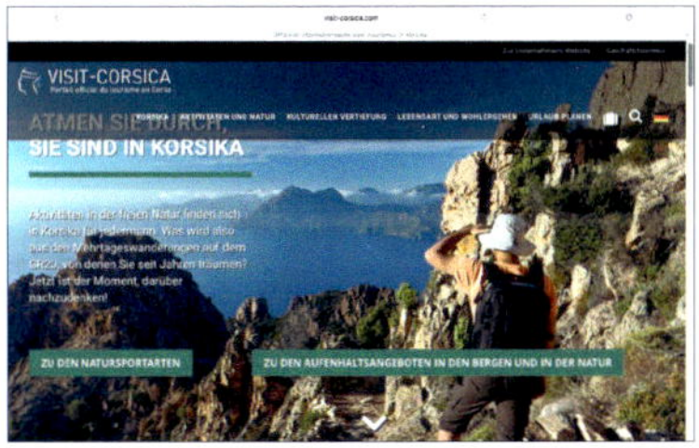

Generell über Frankreich informieren **www.frankreich-experte.de** und **www.frankreich-info.de**, letzteres mit einem großen Korsika-Anteil.

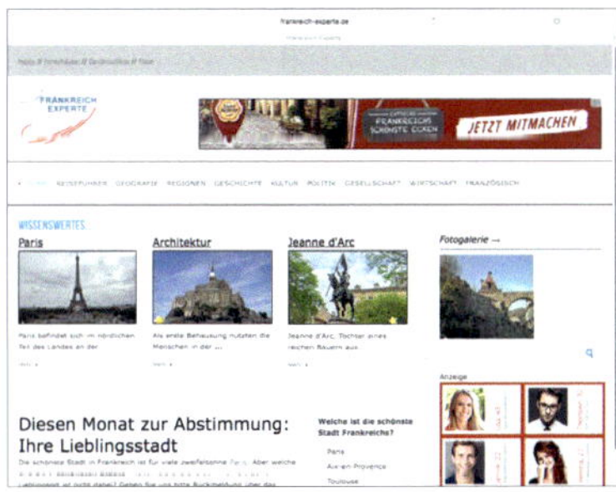

Die offizielle Seite des französischen Fremdenverkehrsamtes und Maß aller Dinge in Sachen Urlaub in Frankreich ist **de.franceguide.com.** Zudem haben uns noch **www.paradisu.de** und **www.korsika.com** gefallen.

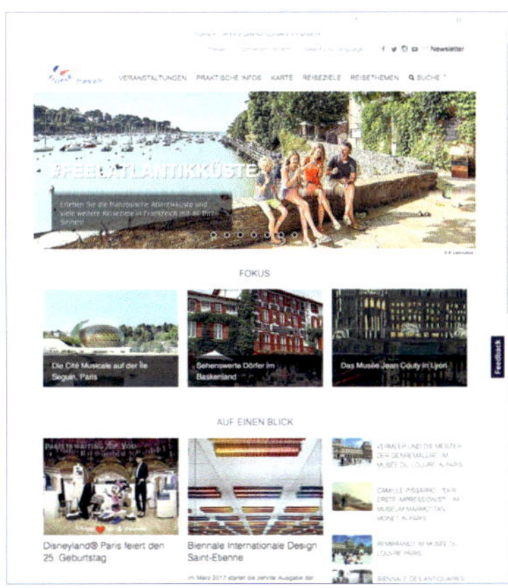

Kleiner **Sprachführer**

Für eure Motorradreise nach Korsika sind hier die wichtigsten französischen Begriffe und Redewendungen zusammengestellt.

Hinweise zur Aussprache | Sonderzeichen:

â	dunkler als das dt. a	Bsp. theâtre (Theater)
ç	stimmloses s wie in Tasse	Bsp. ça (das)
é	geschlossenes e	Bsp. étudiant (Student)
è	offenes ä	Bsp. mère (Mutter)
ê	offenes e	Bsp. fenêtre (Fenster)
ô	geschlossenes o	Bsp.: Region Rhône-Alpes
œ	geschlossenes ö	Bsp. cœur (Herz)
û	geschlossenes ü	Bsp. bien sûr (natürlich)

VERSTÄNDIGUNG

ja / nein	oui / non
was / wann / wo/ hier	quoi / quand / où / ici
Sprechen Sie Deutsch?	Vous parlez allemand?
Haben Sie mich verstanden?	Vous avez compris?
Ich habe verstanden.	J'ai compris.
Ich habe das nicht verstanden.	Je n'ai pas compris.

BEGRÜSSUNG | VERABSCHIEDUNG

Hallo	Salut
Guten Tag / Abend	Bonjour / Bonsoir
Wie geht es Dir / Ihnen?	Comment vas-tu / alllez-vous?
Danke, gut. Und Dir / Ihnen?	Très bien, merci. Et toi / vous?
Auf Wiedersehen / tschüss	Au revoir / Salut

KENNENLERNEN

Ich heiße…	Je m'appelle…
Wie heißt Du / heißen Sie?	Comment tu t'appelles / vous appelez-vous?
Woher kommst Du / kommen Sie?	D'où viens-tu / venez-vous?
Ich komme aus Deutschland / Österreich / der Schweiz	Je viens d'Allemagne / d'Autriche / de Suisse.

HÖFLICHKEIT

Bitte	S'il vous plaît
(Vielen) Dank (e)	Merci (beaucoup)
Könnten Sie mir bitte helfen?	Est-ce que vous pourriez m'aider, s'il vous plaît?
Entschuldigen Sie!	Excusez-moi / Pardon!
Das tut mir leid!	Je sui désolé!
Das macht nichts!	Ça ne fait rien!

NOTRUFNUMMERN IN FRANKREICH (generell: 112)

17 (Polizei) | 18 (Feuerwehr) | 19 (Rettungswagen)

UNTERKUNFT

Wo ist die Touristeninformation?	Où se trouve l'office du tourisme?
Können Sie mir ein gutes Hotel / preiswertes Hotel / eine Pension / eine Privatunterkunft empfehlen?	Vous pourriez me recommander un bon hôtel / un hôtel pas trop cher / une pension / une location chez l'habitant?
Wie komme ich dorthin?	Comment est-ce que je peux m'y rendre?
Haben Sie ein Einzelzimmer / Doppelzimmer frei?	Vous auriez une chambre pour une personne / deux personnes?
Wie viel kostet es?	Combien ça coûte?
Ich nehme es!	Je la prends!

WETTER

Was sagt der Wetterbericht?	Que dit la météo?
Es wird schön / warm / heiß / schwül / kalt / schlecht	Il va faire beau / chaud / très chaud / lourd / froit / mauvais.
Es wird regnen	Il va y avoir de la plue.
Es wird ein Gewitter kommen	Il va y avoir un orage.
Sonne	le soleil

RUND UMS BIKEN

Anlasser	le démarreur	Parkplatz	le parking
Auspuff	le pot d'échappement	Reifen	le pneu
Ersatzteil	la pièce de rechange	Reifendruck	la pressions des pneus
Führerschein	le permis de conduire	Schlüssel	la clé
Grenze	la frontière	Straße	la route / la rue
Helm	le casque	links / rechts	gauche / droite
Kreuzung	le carrefour	geradeaus	tout droit
Licht	la lumière	ziemlich weit	assez loin
Maut	le péage	nicht weit	pas loin
Öl	l'huile	zurück	en arrière

FÄHRE

Wann fährt die nächste Fähre nach…ab?	Quand part le prochain ferry pur…?
Wie lange dauert die Überfahrt nach…?	Combien de temps dure la traversée pour…?
Wann legen wir in…an?	Qand est-ce qu'on accoste à…?

UNTERWEGS

Entschuldigung, wo ist…?	Pardon, où est…?
Wie komme ich zu / nach…?	Pour aller à… ?
Können Sie mir das bitte auf der Karte zeigen?	Vous pouvez me le montrer su la carte, s'il vous plaît?
Wie viele Minuten mit dem Motorrad?	C'est à combien de minutes en moto?
Ist das die Straße nach…?	C'est bien la route pour…?
Wie komme ich zur Autobahn?	Comment arriver sur l'autoroute?
Wo kann ich mein Motorrad abstellen?	Où puis-je garer la moto?
Wie viel kostet das?	Ça coute combien?
Tut mir leid, dass weiß ich nicht!	Je suis desolé, je ne sais pas!

ESSEN UND TRINKEN

essen / trinken	manger/ boire
Wo gibt es hier ein preiswertes / typisches Restaurant?	Où y a-t-il ici un restaurant pas trop cher / typique?
Einen Tisch für … Personen bitte!	Une table pour … personnes, s'il vous plaît!
Die Speisekarte bitte!	La carte, s'il vous plaît!
Kann ich noch etwas Warmes zu essen bekommen?	Est-ce que je peux encore avoir quelque chose de chaud à manger?
Ich möchte nur etwas trinken.	Je voudrais seulement boire quelque chose.
Suppe	soupe
kalte Vorspeisen	hors-d'œuvre
Fleischgerichte	viandes
Fisch	poissons
Gemüse	légumes
Beilagen	garnitures
Käse	fromages
Getränke	consommations
Bier	bière
Rotwein / Weißwein	vin rouge / vin blanc
Wasser (mit / ohne Kohlensäure)	l'eau (gazeuse / non-gazeuse)
Tasse	la tasse
Glas	le verre
Teller	l'assiette
Messer	le couteau
Gabel	la fourchette

Löffel	la cuillère
Schüssel	le plat
Flasche	la bouteille
Die Rechnung bitte	L'addition, s'il vous plaît!
Frühstück / Mittagessen / Abendessen	le petit déjeuner / le déjeuner / le dîner
bestellen	commander
bezahlen	payer

RUND UM DIE PANNE / DEN UNFALL

Bitte helfen Sie mir!	Aidez-moi, s'il vous plaît!
Ich habe kein Benzin mehr	Je suis en panne sèche.
Wo ist die nächste Tankstelle?	Où se trouve la station-service la plus proche?
Ich habe eine Reifenpanne.	Jai un pneu crevé.
Ich habe eine Motorpanne.	J'ai une panne de moteur.
Die Batterie ist leer.	La batterie est vide.
kaputt	casse
Wie teuer wird die Reparatur ungefähr sein?	Combien va coûter la réparation, à peu près?
Wann ist es fertig?	Elle sera prête quand?
Wo ist die nächste Werkstatt?	Où est le garage le plus proche?
Es ist nicht meine Schuld!	Ce n'est pas de ma faute!
Ich hatte Vorfahrt!	J'avais la priorité!
Sie sind zu schnell gefahren!	Vous avez roulé trop vite.
Sie haben zu wenig Sicherheitsabstand gehalten!	Vous m'avez collé!
Zeuge	témoin
Es ist ein Unfall passiert!	Il y a eu un accident!
… Personen sind (schwer) verletzt.	Il y a … blessés (graves)
Rufen Sie bitte schnell die Polizei / die Feuerwehr / einen Krankenwagen!	Vite, appelez la police / les pompiers / une ambulance!
Ich bestehe darauf, die Polizei zu rufen!	Je voudrais que l'on appelle la police!

GRUNDZAHLEN

0	zéro
1	un/une
2	deux
3	trois
4	quatre
5	cinq
6	six
7	sept
8	huit
9	neuf
10	dix
11	onze
12	douze
13	treize
14	quatorze
15	quinze
16	seize
17	dix-sept
18	dix-huit
19	dix-neuf
20	vingt
30	trent
40	quarante
50	cinquante
60	soixante
70	soixante-dix
80	quatre-vingts
90	quatre-vingt-dix
100	cent
200	deux cents
1000	mille
2000	deux mille

DOLOMITEN TRENTINO GARDASEE

Die meisten Motorradfahrer bekommen sofort das gewisse Leuchten in den Augen, sobald sie von diesen Begriffen hören – schließlich verbindet man mit ihnen Spaß mit dem Motorrad auf traumhaften Bergstrecken, herausfordernden Serpentinen, beeindruckenden Gebirgspässen und in großartigen Landschaften. Nur wenige Ecken Europas präsentieren so viele Highlights derart geballt wie diese ganz im Norden des italienischen Stiefels. Aber es sind nicht nur die fantastischen Motorradstrecken, die einen locken: Auch das kulturelle Angebot ist beinahe unvergleichlich.

Zehn ausführlich beschriebene Motorradtouren zum Nachfahren für einen Kurztrip oder die längere Reise mit:

- vielen Insidertipps des Autoren
- ausführlichem Kartenmaterial mit eingezeichneter Route
- aktischen Hinweisen zu Streckenlänge, Etappen, Charakteristik und den beliebtesten Attraktionen – nicht nur für Motorradfans
- Hotels, die sich auf Motorradfahrende Gäste freuen
- GPS-Daten zum Download.

ISBN 978-3-937063-41-6 EUR 22,95

ISBN 978-3-937063-37-9 EUR 22,95

KROATIEN

Die blau-schimmernde Adria ist schon seit Jahrzehnten einer der Sehnsuchtsorte deutscher Urlauber. Mittlerweile hat sich herumgesprochen, dass Kroatien auch ein mehr als perfektes Bike-Revier bietet.

So kann man von der Jadranska Magistrale, der noch zu Titos Zeiten angelegten Küstenstraße, auf fast 1.000 Kilometern von Norden nach Süden cruisen – gerne mit Inselhopping auf die eine oder andere der angeblich mehr als 1.000 Eilande des Landes. Dazu kommt das spannende Hinterland mit grandiosen Serpentinenstraßen und spektakulären Nationalparks.

Zehn ausführlich beschriebene Motorradtouren zum Nachfahren für einen Kurztrip oder die längere Reise mit:

- vielen Insidertipps des Autoren
- ausführlichem Kartenmaterial mit eingezeichneter Route
- aktischen Hinweisen zu Streckenlänge, Etappen, Charakteristik und den beliebtesten Attraktionen – nicht nur für Motorradfans
- Hotels, die sich auf Motorradfahrende Gäste freuen
- GPS-Daten zum Download.

SLOWENIEN

Das kleine Land an der Schnittstelle von Alpen und Adria wird von Motorradreisenden meist schmählich ignoriert. Wenn überhaupt nutzt man es als Transitstrecke auf den weiteren Weg gen Süden. Dies ist ein großer Fehler!

Mit seiner landschaftlichen Vielfalt muss sich Slowenien vor seinen größeren Nachbarn keinesfalls verstecken. Zu entdecken sind nicht nur wilde Flusslandschaften, sondern auch tolle Passstraßen: Achterbahnfahren ist im Vergleich dazu ein Kinderspiel.

Zehn ausführlich beschriebene Motorradtouren zum Nachfahren für den Wochenendausflug oder die längere Reise mit:

- vielen Insidertipps des Autoren
- ausführlichem Kartenmaterial mit eingezeichneter Route
- praktischen Hinweisen zu Streckenlänge, Etappen, Charakteristik und den beliebtesten Attraktionen – nicht nur für Motorradfans
- Hotels, die sich auf Motorradfahrende Gäste freuen
- GPS-Daten zum Download

ISBN 978-3-937063-36-2 EUR 22,95

PYRENÄEN

Wie eine gewaltige Mauer trennen die Pyrenäen die iberische Halbinsel vom restlichen Europa ab. Wer vom Mittelmeer aus in das Gebirge fährt, kann sich ganz allmählich in eine Landschaft vortasten, die noch viel mehr zu bieten hat als Gipfel und Grate. Dieses Hochgebirge zwischen Frankreich und Spanien bietet eine Vielzahl von unberührten Strecken auf unterschiedlichsten Höhenmetern. Eine Landschaft, die das Motorradfahrerherz jubilieren lässt!

Zehn ausführlich beschriebene Motorradtouren zum Nachfahren für den Wochenendausflug oder die längere Reise mit:

- vielen Insidertipps des Autoren
- ausführlichem Kartenmaterial mit eingezeichneter Route
- praktischen Hinweisen zu Streckenlänge, Etappen, Charakteristik und den beliebtesten Attraktionen – nicht nur für Motorradfans
- Hotels, die sich auf Motorradfahrende Gäste freuen
- GPS-Daten zum Download.

ISBN 978-3-937063-39-3 EUR 22,95

ISBN 978-3-937063-36-2 EUR 22,95

FRANZÖSISCHE ALPEN

In eurem Motorradurlaub möchtet Ihr euch so richtig schwindelig fahren? Dann seid Ihr in dieser Region mehr als perfekt aufgehoben. Ganz egal, wohin man von einer schmalen Départementstraße in die nächste abbiegt:

Hinter jeder Ecke warten berauschende Kurven, griffiger Asphalt und einzigartige Naturspektakel.

Hinzu kommen einige der höchsten befahrbaren Straßenpässe Europas sowie die legendäre Alpenstraße Route des Grandes Alpes.

Zehn ausführlich beschriebene Motorradtouren zum Nachfahren für einen Kurztrip oder die längere Reise mit:

- vielen Insidertipps des Autoren
- ausführlichem Kartenmaterial mit eingezeichneter Route
- praktischen Hinweisen zu Streckenlänge, Etappen, Charakteristik und den beliebtesten Attraktionen – nicht nur für Motorradfans
- Hotels, die sich auf Motorradfahrende Gäste freuen
- GPS-Daten zum Download.

TOUREN PLANEN MIT GPSWERK

einfach wie nie zuvor

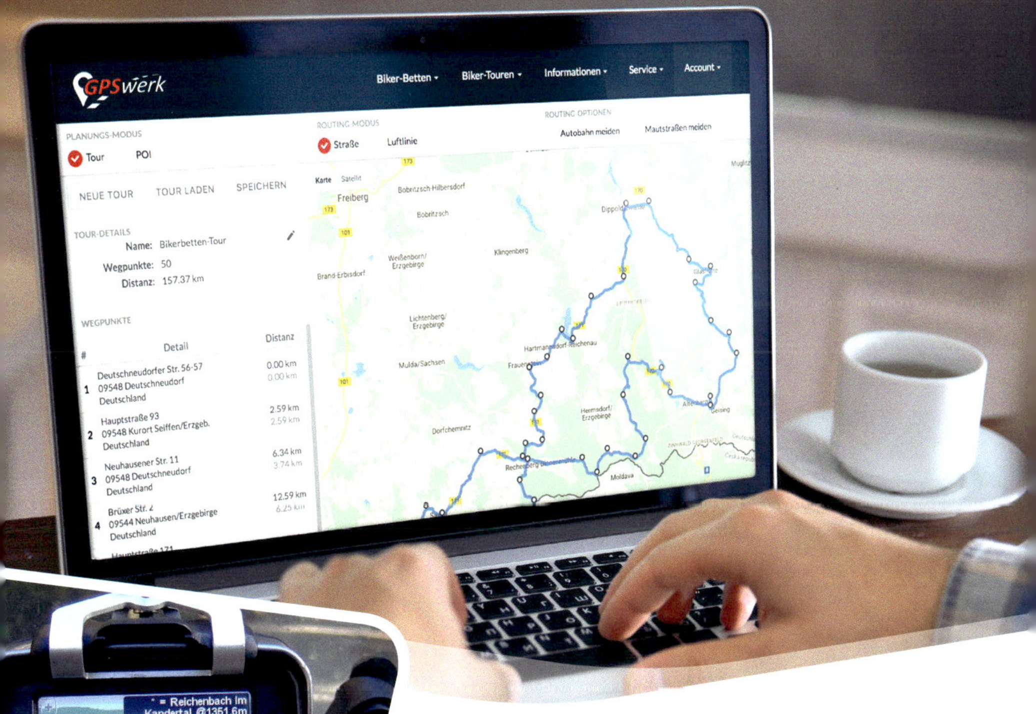

- eigene Touren planen und exportieren
- eigene und BikerBetten-Touren anpassen
- individuelle Startpunkte festlegen
- Routen drehen und kombinieren
- Einbinden von BikerBetten Hotels
- kostenlos für fast alle GPS Formate
- Tourenkarten ausdrucken für den Tankrucksack

gpswerk.de – einfach Touren planen!

1. Auflage Mai 2017 | © 2017

HERAUSGEBER

TVV Touristik-Verlag GmbH | Werner Henschel Str. 2 | D-34233 Fuldatal-Ihringshausen
Tel.: +49 - (0) 561/400 85 - 0 | Fax: +49 - (0) 561/400 85 - 21
info@bikerbetten.de | www.bikerbetten.de

Vertretungsberechtigter Geschäftsführer: Peter Schmitz
Registergericht: Kassel | Registernummer: 13254
Umsatzsteuer-Identifikationsnummer gemäß § 27 a Umsatzsteuergesetz: DE813611060

REDAKTION Hans Michael Engelke, www.engelke.tv

FOTOS Angelika und Hans Michael Engelke, www.engelke.tv; Jeff Warder (S. 39)

UMSCHLAGGESTALTUNG TVV Touristik-Verlag GmbH

KARTENBASIS © Kunth Verlag GmbH & Co. KG

ROUTEN Hans Michael Engelke, www.engelke.tv

PRODUKTION MoTourMedia, Wuppertal

LEKTORAT Text-o-Pix, Wuppertal

DRUCK UND WEITERVERARBEITUNG Silber Druck oHG, 34266 Niestetal

Die GPS-Daten gibt es zum kostenlosen Download auf **bikerbetten.de**

ISBN 978-3-937063-38-6

WWW.BIKERBETTEN.DE